U0875684

# 重庆文化研究 辛丑秋

Chongqing Cultural Research | 蔡武 题



■ 重庆市文化和旅游研究院　编

西南大学出版社
SWUP　国家一级出版社　全国百佳图书出版单位

**图书在版编目(CIP)数据**

重庆文化研究. 辛丑秋 / 重庆市文化和旅游研究院编. — 重庆 : 西南大学出版社, 2021.10

ISBN 978-7-5697-1152-3

Ⅰ. ①重… Ⅱ. ①重… Ⅲ. ①地方文化-研究-重庆-2021 Ⅳ. ①K297.19

中国版本图书馆CIP数据核字(2021)第212857号

# 重庆文化研究·辛丑秋

CHONGQING WENHUA YANJIU XIN-CHOU QIU

重庆市文化和旅游研究院 编

责任编辑:王玉竹
责任校对:于诗琦 张 昊
书籍设计:杨 涵
排 版:夏 洁
出版发行:西南大学出版社(原西南师范大学出版社)
地址:重庆市北碚区天生路2号
邮编:400715
市场营销部电话:023-68868624
经 销:新华书店
印 刷:重庆紫石东南印务有限公司
幅面尺寸:210 mm×285 mm
印 张:9.25
插 页:8
字 数:222千字
版 次:2021年10月 第1版
印 次:2021年10月 第1次印刷
书 号:ISBN 978-7-5697-1152-3
定 价:35.00元

# 农村文化与文化动力

中国的文化与中国的农村有着密切的关系。历史上中国是一个农业国,广大农村的劳动人民群众是中华文化重要的创造者、传承者。

如果说中华文化五千年来一直薪火相传,中国是世界四大文明古国中唯一文明连续至今的国家,那么农村就起到了一个很好的稳固基础的作用。

中国的农村文化具有强大的力量,这种农村文化所孕育出来的中国农民是中国不断发展前进的重要力量。中国历史上的多次革命,农民都发挥了重要作用。中国共产党所领导的中国革命,也是从农村到城市,农民也是中国革命的主体。农业经济对于中国经济社会发展具有关键作用,农民群众是重要的经济贡献者。

耕读传家,是中国传统思想、传统文化的重要体现。这一理念贯穿中国文化几千年,我国广大农村的劳动人民传承着中国儒家思想,并把这一思想融入生产、生活、伦理道德的方方面面,子子孙孙代代相传,成为中华文化传承发展的重要力量。

广大的农村地区,有着丰富的非物质文化遗产,这里的民间传说、民间故事、民间歌谣、民间音乐、民间戏曲、民间舞蹈、民间美术、民间体育、民间杂艺等滋养着人民群众,延续着中华文脉;农民的生活习俗,如二十四节气习俗、传统节日习俗、婚丧嫁娶习俗等,都是重要的传统文化内容;还有农民的工具器具制作技艺、食品制作技艺、服饰制作技艺、建筑技艺、工艺美术技艺等,都体现了中华文化的主要特点,是我们中华民族的代表作。这些文化形态,在历史上靠着家传、师传力量得以传承。只是到了现代社会,才增加了政府组织、现代企业、市场引领的力量。

所以,农村文化是中华文化的重要组成部分,广大的农村是中华文化的重要承载地,广大的农民群众是中华文化的重要创造者。

当前,在建设社会主义现代化国家的新征程中,在建设新时代中国特色社会主义的新征程中,党和国家提出振兴乡村的发展战略。农村文化建设,也是乡村振兴的重要组成部分。最近,重庆市文化和旅游研究院专程到巫山县竹贤乡进行了调研,同时又选载了一些关于乡村振兴中文化如何发挥作用的研究成果,以期为乡村振兴中的文化建设提供参考。

同时，我们认为乡村振兴中的文化建设应该发挥两方面的作用。一方面是各级党委、政府的组织协调和引导作用。没有强有力的组织工作、政策支撑、专业服务，乡村文化一如千百年来自生自灭的自由式发展，仅靠劳动人民群众的自觉行为，会缺少生机与活力；另一方面是基层和人民群众的作用。农村的文化是一种基层的文化，是劳动人民自己所需求的文化。满足自己的文化需求要靠自己主动去做，唯此才有真正的动力，才有不竭的源泉。我们要充分认识到，劳动人民群众中的文化骨干是十分丰富的，他们的能量是十分充足的。我们在竹贤乡调研时，随机就拉出了数个文化骨干，并很轻松地组织了一场文化活动，大山深处的小小场镇一时间活跃起来了。

农村文化是建设文化强国的一部分，我们期待，我们也愿一同努力，与乡村振兴同步，推动农村文化更快更好发展，为建设社会主义现代化国家做出贡献。

编者

2021年10月17日

# 目　录

## 政策研究



## 基础科研



## 文艺评论



## 巴渝文化

## 人物风采



## 文化记忆



## 艺文空间

# 巫山县竹贤乡乡村文化振兴调研报告

魏锦　陶宇　杜娜
（重庆市文化和旅游研究院文化发展研究中心）

【摘要】巫山县竹贤乡具有优越的自然与人文资源禀赋和区位条件，是世界自然遗产所在地，新时代愚公精神“下庄精神”影响广泛，但文化发展基础较弱：人口基数小，乡村活力不足；基础设施建设滞后，公共服务水平偏低；群众文化活动匮乏，乡村文化传承乏力；文化人才短缺，文化资源缺乏保护。建议深入挖掘和整理传统乡村文化资源；切实提升公共文化服务品质；加强文化人才的配备与培养；科学发展乡村文化旅游产业；以特色文化增强群众文化自信；建立现代乡村文化治理体系。

【关键词】竹贤乡；世界自然遗产；下庄精神；乡村文化振兴

实施乡村振兴战略，是党的十九大做出的重大决策部署，是全面建成小康社会的助推器和全面实现农村现代化的新引擎，是新时代“三农”工作的总章程。要全面实现乡村振兴“产业兴旺、生态宜居、乡风文明、治理有效、生活富裕”的总要求，文化的作用不容忽视。推动乡村文化建设，实现乡村文化振兴，是移风易俗、实现“乡风文明”的必由之路，是推进社会主义核心价值观融于乡村群众文化思想和价值观念的主要抓手；通过文化建设推动乡村群众文化主体意识觉醒、增强文化认同感与文化自信、提升思想认识，也是实现产业振兴、生态振兴、组织振兴和人才振兴的坚实基础。2021年6月，重庆市文化和旅游研究院组织乡村文化振兴调研组前往巫山县竹贤乡进行实地调研。调研组先后走访了下庄村、阮村、石院村、石沟村、福坪村、药材村6个村庄，参观了下庄人事迹陈列室，通过考察了解竹贤乡基本乡情、资源禀赋、文化资源保护利用情况、公共文化服务开展情况等，具体分析竹贤乡乡村文化振兴的背景与现状，并针对当前存在的一些问题提出针对性对策与建议。

## 一、竹贤乡概况

重庆市巫山县竹贤乡，位于巫山县东北部，东接湖北省巴东县，南抵巫山县骡坪镇，西、北接巫山县平河乡，距巫山县政府驻地53千米，区域总面积98平方千米。竹贤乡下辖6个行政村：石院村、石沟村、阮村、下庄村、药材村、福坪村，现有户籍人口1870户5418人，常住人口1326户3323人，场镇常住人口200人左右。

竹贤乡地势东高西低，境内喀斯特地貌分布广泛，海拔落差大，最高峰朝阳坪位于福坪村，海拔2362.6米；最低点纸厂沟位于下庄村，海拔280米。区域气候为亚热带湿润性季风气候，年平均气温高于10℃的日数为225天；年平均日照数1500小时；年平均降水量1400毫米，降水主要集中在夏季，雨季明显。由于地势陡峭，降水集中，故多发滑坡、危岩崩塌、泥石流、塌陷等灾害。

由于海拔差异大，气候条件特殊，竹贤乡林地面积广阔，动植物资源十分丰富。但农业种植因此受限，只适宜种植土豆、玉米、红薯等农作物，经济作物有核桃、烤烟、茶叶、中药材等，畜牧业以饲养生猪、羊、家禽为主。除外出务工，种植业、养殖业是竹贤乡居民的主要生活来源与经济来源。

## 二、资源禀赋

### (一)世界自然遗产地——五里坡国家级自然保护区

竹贤乡地理、气候条件独特，春秋相连，夏季凉爽，冬季漫长，优越的气候条件形成了良好的森林生态环境和丰富的森林植被类型，非常有利于野生动植物的生存、繁衍。2000年，巫山县在包括竹贤乡大部分区域在内的县东北部天然植被保存完好、自然资源丰富、野生动植物集中分布的38000多公顷区域设立自然保护区。经过不断推进保护工作，2013年6月4日，国务院在此设立重庆五里坡国家级自然保护区，2021年7月28日，在第44届世界遗产大会上，经审议通过，成为世界自然遗产地(湖北神农架世界自然遗产边界调整项目)。经统计，保护区有国家重点保护野生动物55种，有中国特有种或主要分布在中国的野生动物70种；有维管植物2646种，有中国特有种植物41种，是中国裸子植物的重要繁衍基地；保护区年平均降水量1400毫米，区域内溪流众多，地表水源极为丰富，是全国优质水资源战略储备库的重要水源地。

五里坡国家级自然保护区面积确定为35276.6公顷，其中核心区面积17323.1公顷，缓冲区面积6555.8公顷，试验区面积11397.7公顷。竹贤乡6个行政村中，福坪村、阮村、药材村、石院村、下庄村5个行政村的林地划归重庆五里坡国家级自然保护区管理，保护区涉及竹贤乡所辖区域面积7574.8公顷，森林覆盖率达78.9%。保护区内人口较为稀少，竹贤乡5个村落居住在保护区内的人口有247人，均居住在试验区，缓冲区和核心区无人居住。

保护区在竹贤乡设有管理站，管辖处于庙堂乡与竹贤乡边界以东的区域(包括下庄—刘家泡—亮垭子一线)，面积9078公顷。占保护区总面积的25.7%，境内有金丝猴、草鸮、勺鸡、红腹锦鸡等珍稀野生动物，境内蛇谷爬行动物种类丰富，数量较多，主要有巫山角蟾、菜花烙铁头等。辖区内朝阳坪湿地是巫山县新县城、骡坪场镇、两坪场镇、竹贤场镇等地20万人口饮水的水源地，是巫山县重要的水源涵养地。

图1　竹贤乡下庄村(陶宇　摄)

**(二)"时代楷模"与"下庄精神"**

下庄村位于竹贤乡西部,村域内最低海拔仅287米,被喻为"天坑里的村庄"。由于地势险峻,交通不便,下庄村长期处于闭塞、贫困的状态。几代下庄人都渴望能走出"天坑",走出贫困,开辟出一条脱贫致富的幸福路。从1997年至2004年4月,历时约7年,下庄村党支部书记兼村委会主任毛相林以愚公移山般的决心和毅力,带领村民终于在几乎垂直的绝壁上凿出了一条长8千米的"天路"。

在毛相林的带领下,经过多年的奋斗,村民不仅实现了下庄村几代人走出"天坑"的梦想,也形成了"勤劳勇敢、艰苦奋斗、坚守初心、自强不息"的下庄精神。"下庄精神"是脱贫攻坚过程中"苦干"铸就的伟大精神,是新时代愚公精神的典型代表。

2020年,毛相林被中宣部授予"时代楷模"称号,获得"感动中国2020年度人物""全国脱贫攻坚奖奋进奖"殊荣,下庄村村委会荣获"重庆市脱贫攻坚先进集体"。2021年,在全国脱贫攻坚总结表彰大会上,毛相林被中共中央、国务院授予"全国脱贫攻坚楷模"荣誉称号。党的十八大以来,以习近平同志为核心的党中央带领全国各族人民,以非凡的意志和智慧,创造了中国反贫困斗争的世界奇迹。这样的奇迹不是天上掉下来的,而是一代又一代中国人勤勤恳恳干出来的。毛相林用实干苦干,诠释了一名基层共产党员的初心和使命。

"时代楷模"毛相林与"下庄精神"已成为下庄村和竹贤乡鲜明的文化符号和精神力量,在推进乡村振兴的新征程上,激励全乡人民克服困难、奋勇向前、拓展新天地、实现新作为。

图2　正在用抖音直播的“歌师傅”(魏锦　摄)

**(三)“山歌子”唱遍竹贤乡**

调研发现，竹贤乡民众多热爱唱山歌，当地称“山歌子”。“山歌子”内容丰富，包括有五句子山歌、扬歌、扬号子及各类小调，既有世代流传的经典曲调，又有临时创作的应景歌曲。过去，“山歌子”是当地民众喜闻乐见的文娱活动。现在竹贤乡仍然活跃着一批“山歌子”爱好者，他们被称为“歌师傅”，闲暇时会自发组织和聚集，共同演唱，个别爱好者还开通了网络直播，在抖音等网络平台进行演唱。

耍锣鼓，也是竹贤乡较为盛行的文化活动。目前，竹贤乡场仍有耍锣鼓的团队活跃，团队5人，使用乐器包括：唢呐、小鼓、大锣、马锣、镲。经过组织，锣鼓团队还可与“山歌子师傅”相互配合，共同演出。2016年，“巫山锣鼓”成为竹贤乡首个进入非物质文化遗产保护名录的项目，也是迄今为止的唯一一个，该项目由竹贤乡和邓家乡共同申报。

巫音，是巫山县仪式戏剧的音乐形态。巫山县将巫音作为传统音乐申报为重庆市级非物质文化遗产保护名录项目，申报书中提及第二代班主涂从炘即竹贤乡阮村人，家承第一代班主涂理生，民国时期已故。如今竹贤乡仍有邓氏坛班在民间活跃，班主邓文双，能够演出大量仪式戏剧剧目，收藏有清朝及民国时期大量科仪本，保存完好，并有重庆现存最古老的科仪本原件之一。

## 三、文化发展基础分析

当前，竹贤乡已取得脱贫攻坚战全面胜利，全乡建档立卡贫困户354户1397人已全部实现稳定脱贫。公共服务提质升级，全乡实现行政村通村通畅全覆盖，集中供水保障全覆盖，乡中心小学和三个教学点设施正在逐步健全，乡中心卫生院医疗服务水平不断提升，乡村文化阵地建设不断加强。

产业发展扎实起步，核桃、中药材、大洋芋、烤烟等优势经济种植作物开始成规模发展。全乡正在积极创建全域旅游示范乡镇。目前，竹贤乡已联合周边诸乡镇积极进行乡村振兴规划布局。结合竹贤乡基本乡情、资源禀赋以及乡村文化建设现状等，课题组对竹贤乡文化发展基础进行分析，以期为竹贤乡实现乡村文化振兴以及全面乡村振兴提供发展依据。

### （一）优势条件

#### 1. 区位优势

竹贤乡位于重庆市与湖北省交界处、三峡库区心地带。区域内重庆五里坡国家级自然保护区同时又与湖北神农架国家级自然保护区、重庆阴条岭国家级自然保护区、大九湖国家级湿地公园相连。周围环绕有长江三峡、小三峡、小小三峡、神农架、当阳大峡谷、神女峰等多个知名景区景点，具有一定旅游联动发展优势。

#### 2. 生态优势

竹贤乡动植物资源丰富，森林植被保存完好，森林生态系统完整、生态环境良好。区域内重庆五里坡国家级自然保护区位于三峡库区水土保持生态功能区的水土流失防治区，是三峡库区腹心地带的重要生态屏障。辖区内新建成的朝阳坪水库，是巫山县重要水源涵养地。上述条件不仅是自然保护区建设和发展的优势，也是开展生态旅游的最佳条件。

#### 3. 景观优势

竹贤乡属亚热带季风性温润气候，夏季凉爽，7月平均气温为21℃，是天然富氧的避暑胜地。境内海拔高低大落差造成的温度、湿度、水文气象等差异，进而形成了多层次的垂直自然景观；高山深谷、山间平地，复杂的地形也形成了竹贤乡优美独特的自然风光。所辖五里坡国家级自然保护区内森林、灌丛、草地、山地裸岩、水域湿地等地质地貌和植被景观也可作为具有开发潜力的旅游资源。

#### 4. 人文优势

为激励年轻一代继续奋斗，在巩固脱贫攻坚成果、接续推进乡村振兴的道路上，让“下庄精神”一代一代传承下去，竹贤乡下庄村先后建成了下庄人事迹陈列室、愚公讲堂，立起了一座碑，为“下庄筑路英雄谱”，上面刻着108位当年不惧艰险凿出“天路”的村民姓名，其中就有毛相林同志。今天，“下庄精神”已融入下庄村乃至整个竹贤乡的基层党建和党风文明建设，极大地提升了群众参与乡村振兴的内生动力。随着“时代楷模”毛相林与“下庄精神”被广泛知晓，竹贤乡下庄村知名度骤升。2021年，下庄人事迹陈列室对外开放以来，深受社会各界关注，大量团队和游客前来参观。

### （二）存在问题

#### 1. 人口基数较小，乡村活力不足

乡村群众是乡村文化建设的主体，尤其是中青年群体是乡村文化建设和发展的主力军，也是乡村文化发展成果的受益者。然而，“民工潮”“学生党”的崛起，使得大规模的农民工常年在城市务工，

学生在城市上学，乡村人口和主要劳动力大量流失。竹贤乡同样面临这个问题，全乡常住人口远远少于户籍人口，常住人口以老人、幼童为主，参与社会活动、乡村建设活动与文化活动较少，导致乡村活力不足。

**2. 基础设施建设滞后，公共服务水平偏低**

竹贤乡建有综合文化服务中心（文化站）与文体广场各1个。石院村、石沟村、阮村、下庄村、药材村、福坪村均建有村级文化活动中心、农家书屋，并按照相关规定配备有图书、乐器等文体用具，个别配套有体育运动场地。但总体看来，其基础设施设备维护不善，缺乏专业维护人员和相应经费。竹贤乡2011年通响率100%的35只广播喇叭现已全部失效。乡综合文化服务中心与村文化活动中心、农家书屋开放率不高，图书、乐器等多数被束之高阁。

**3. 群众文化活动匮乏，乡村文化传承乏力**

近年来，竹贤乡综合文化服务中心参与和组织过的活动主要是围绕脱贫攻坚、防治病虫害、农作物种植、普法教育等主题进行的一些培训，偶尔有配合上级文化主管部门开展的“放歌新时代　演出进基层”“篮球联谊赛”等文体活动。村级文化活动中心主要是供村民自发借阅图书或使用活动中心设施设备。群众自发组织的文体活动也较少，虽然有唱山歌、耍锣鼓等传统，但处于仅少数几位“歌师傅”和爱好者自娱自乐的状态，既无组织活动，也无代际传承。

**4. 文化人才短缺，文化资源缺乏保护**

乡综合文化服务中心和村级文化活动中心工作人员较少，个别仅有值班人员，导致综合文化服务中心和村级文化活动中心开放率低，多数设备设施闲置且老化。同时，相关工作人员缺少文化建设与公共文化服务知识背景，缺少相关专业培训，导致许多文化活动难以开展，本乡文化遗产也无法得到有效保护。因此，虽然竹贤乡民间音乐资源丰富，但并未作为非物质文化遗产得到有效整理与建档保护；境内一处县级文物保护单位——考湾杨氏祠堂，残存木门、门楣及部分墙面，尚未得到修整。

图3　调研组走访石院村便民服务中心图书室（陶宇　摄）

## 四、对竹贤乡乡村文化振兴的意见和建议

乡村文化振兴，既要发掘和利用传统乡村文化的当代价值，也要依据本地资源禀赋发掘乡村文化振兴的新路径、新举措；既要解决当前乡村文化工作中存在的问题，也要从乡村群众的文化需求出发，从乡村振兴的全局出发，描绘乡村文化振兴新图景。结合竹贤乡基本乡情、资源禀赋，以及对其当下文化发展的优势条件与存在问题的分析，我们对竹贤乡乡村文化振兴提出以下意见和建议。

### （一）深入挖掘和整理传统乡村文化资源

传统乡村文化，或者说乡土文化，既包括独特的乡村生态景观以及乡村民众的生活生产方式，也包括蕴藏于乡村社会的民风民俗、道德信仰与思想观念，具体则表现为乡村的文化遗产、民俗活动、乡规民约等形式。乡土文化是几千年来在农耕社会中哺育的中华文化的根脉，是中华民族精神的源泉。社会主义核心价值观是中华优秀传统文化和人类文明成果在新时代的价值体现，是对中国乡土文化基因的一脉相承。然而，在城镇化进程不断加快推进的今天，城市生活包括城市文化成为越来越多农村人的追求和向往，在现代化、市场化和网络化的裹挟下，乡村的生活方式和文化生活内容也在不断向城市靠拢，传统乡村文化陷入认同危机与传承危机。因此，乡村文化振兴，首先要重视传统乡村文化，深入挖掘和整理传统乡村文化资源，重塑其在乡村全面发展和振兴中的价值，寻回乡村人民的精神家园。

竹贤乡虽然人口基数小，但仅几日的走访调研已使我们收获不少。几乎每村都有能唱山歌的“歌师傅”，且都身体康健，年龄在60岁以下者居多；能够演出大量仪式戏剧剧目的邓氏坛班活跃于本乡以及周边乡镇；巫山县文化工作者曾到竹贤乡采风，并整理有《竹贤民间故事》一书；全乡人口以杨姓居多，境内的考湾杨氏祠堂被列为县级文物保护单位，但未得修整。我们建议：

第一，在县文化部门的支持和协助下，由乡综合文化服务中心对全乡进行文化资源普查，尤其是做好传统音乐、传统戏剧、传统民俗、传统医药、传统技艺等方面的非物质文化遗产项目与传承人群的发现与记录，以及后续的非物质文化遗产代表性项目与代表性传承人申报、保护等工作。

第二，系统整理竹贤乡山歌。建议乡综合文化服务中心及时建立“歌师傅”名单，协助“歌师傅”对自己掌握的山歌进行抄录、整理，对已有的歌谱、曲谱进行整理和数字化转化，建立“竹贤乡山歌档案”（含电子档案与各类抄本原件），在适当的时候可公开出版。积极申报相应的传统音乐类县级、市级非物质文化遗产项目与代表性传承人。

第三，系统整理邓氏坛班及其班主邓文双所掌握的仪式戏剧资料。建议乡综合文化服务中心帮助与支持邓文双对自己所收藏的仪式戏剧剧目与科仪本进行整理和数字化转化，对清朝、民国年间科仪本原本进行妥善保管，积极申报相应的传统音乐类或传统戏剧类县级、市级非物质文化遗产项目与代表性传承人。

第四，可与相关文化部门、文化研究机构合作，探寻本乡历史沿革、文化名人，寻找杨氏族谱，修

葺杨氏祠堂，布置乡史陈列馆，加强对本乡群众的历史文化教育，增强本乡群众的文化认同感与文化自信心。

**（二）切实提升公共文化服务品质**

加强农村公共文化建设，健全、优化乡村公共文化服务体系，保障基层人民的基本文化权益，是繁荣农村文化、焕发乡风文明新气象的重要手段。党的十八大以来，我国政府逐步推进一批高水平公共文化设施建设，持续促进了一系列面向城乡、面向农村的重大公共文化设施建设项目，如文化信息资源共享工程、农家书屋工程、广播电视村村通工程、农村电影放映工程、乡镇综合文化站建设工程等，一系列文化惠民工程在基层开展。但是，由政府主导的公共文化服务体系在一定程度上仍存在管理模式相对固化、设施配置落后、文化服务内容单一等问题，如竹贤乡综合文化服务中心已经非常老旧，2011年通响率100%的35只广播喇叭陆续坏掉，但缺乏专业维护人员和相应经费，现在全部失效，乡综合文化服务中心与各村文化活动中心、农家书屋开放率不高，所配送的图书、乐器等也多被束之高阁。公共文化提供的服务内容不能与乡村群众文化生活需求相衔接，也造成了一定程度的资源闲置与机构空转。具体建议如下。

第一，完善公共文化服务基础设施。对竹贤乡综合文化服务中心进行提质升级，建成竹贤乡文旅综合服务中心，更新、升级中心及文体广场的软硬件设备，配置电子图书阅览室、公共文化云服务平台以及旅游信息查询与服务平台等，加强本乡文化展陈，增设有关五里坡国家级自然保护区的宣传展陈区域，使乡文旅综合服务中心连同文体广场等一起切实发挥文化阵地的功能。

第二，优化公共文化服务供给，有针对性地开展特色群众文化活动。活动内容、活动形式应考虑到常住人口普遍为老人与儿童的特点，在书籍配送、休闲活动安排上有所倾斜；发动锣鼓团队、“歌师傅”、青壮年体育运动爱好者等当地文化能人，积极组织广场舞、唱山歌、篮球比赛等民众喜闻乐见且有益身心的文体活动。组织群众活动应考虑到乡村人口流动的节令性特点，在暑假、春节这两个青壮年群众及大中学生返乡高峰期，多多组织群众文化体育活动、本乡文化普及推广活动，也可以请返乡的文化精英结合自己的见识与特长开设文化课堂、交流沙龙，进行不同年龄、性别、行业群众的文化交流与情感交流，增进相互理解，最大限度地提升本乡群众的文化认同感、文化获得感和文化幸福感。

**（三）加强文化人才的配备与培养**

挖掘乡土文化资源、提升公共文化品质、开展群众文化活动，乃至全面开展乡村文化建设与振兴，都离不开具有一定专业素养的文化人才投入时间、精力来开展相关工作。大量的文化水平较高、劳动技能突出的青壮年农民进入城市打工，常年离土离乡，致使参与乡村文化建设的主力军流失。留守老人和儿童无论在精力还是能力上，都很难投入乡村文化建设工作，而乡村配备的文化专干数量又极为有限，甚至不少村文化专干为村民兼职，缺乏相应的专业技能和专业培训，因而许多工作无法开展。上述因素导致乡村文化建设严重缺乏主体力量。具体建议如下。

第一，在政府部门开展公共文化服务方面，应当增加乡综合文化服务中心、村文化活动中心工作人员的编制数量，配备具有正式编制的文化专干，安排具备丰富乡镇文化工作经验、热爱文艺事业的干部到乡、村级文化活动中心任职。

第二，重视本土文化人才在乡村文化振兴中的作用。本土文化人才是传统乡村文化重构的重要人才保障，能够为传统乡村文化培育注入人力资源与技术资源，是乡村古老文化的传承载体。培育锣鼓团队、“歌师傅”等成为乡村文化自治组织，并不断挖掘和鼓励乡村群众中的文化爱好者投入乡村文化活动中去，以激发乡村文化活力和文化发展的内生动力。

第三，加强对乡村文化人才的培训。开展乡村文化专干业务素质培训和文化能人文艺交流活动；由市文化和旅游委、巫山县文化和旅游委牵头，市群众艺术馆、巫山县群众艺术馆和文化馆下乡辅导，为乡镇文化人才提供文化专干职能职责、公共文化服务、群众文化活动策划与组织等业务理论和实践方面的指导。

**(四)科学发展乡村文化旅游产业**

我国乡村社会拥有丰富多样的文化资源，乡村社会特有的农业生产、乡村建筑、乡村风俗以及田园景观等自然风光和地方化的饮食、传统的生产生活技术等都是发展文化产业、推动乡村旅游的独特资源。充分发挥市场机制的作用，把乡村资源转化为文化产业、旅游产业，既可以丰富文化产品的供给，更好地满足人们对美好文化生活的需要，在一定程度上也可以实现对乡村传统文化的当代转化、对乡村文化遗产的生产性保护，增加乡村群众的经济收益，增强他们的文化自信，提升乡村活力与可持续发展的能力。

图4　下庄人事迹陈列室，讲解员正在讲解“绝壁辟路”的历史(魏锦　摄)

竹贤乡具有优越的自然与人文资源禀赋，在区位上，与周围生态景区、著名旅游景点具有联动发展优势，具备发展生态旅游、养生旅游、研学旅行等业态的绝佳条件。“时代楷模”毛相林与“下庄精神”的广泛传播，以及下庄人事迹陈列室、愚公讲堂、下庄筑路英雄谱等的建立，使得竹贤乡下庄村吸引了大量慕名前来参观学习和进行精神文明建设的个人与团队。这不仅为竹贤乡开展人文旅游、研学活动等奠定了基础，同时也可以很好地实现对前来进行乡村生态旅游、休闲度假、研学旅行等游客的引流。具体建议如下。

第一，整理和丰富“下庄精神”的各类相关报道、实物资料，加强下庄人事迹陈列室、愚公讲堂等文化设施的提档升级与内容完善，建设重庆市党员干部教育培训基地、青少年研学基地，逐步实现“下庄精神”文化资源与下庄古道、下庄人家、下庄峡谷等旅游资源之间的整合，以及从文化旅游向乡村旅游、生态旅游的拓展。

第二，联合重庆五里坡国家级自然保护区管理局，在不影响保护区自然环境和自然资源的前提下，开展自然观光、生态旅游、科普研学等活动。可在缓冲区不破坏其群落环境的条件下，开展实验性或生产性的科学考察、科学试验、教学实习和标本采集活动，但禁止经营性生产与生态旅游活动。可在实验区探索合理有效利用自然资源的方法，开展科学试验、教学实习、参观考察、旅游，以及驯化繁殖珍贵、濒危野生动植物等活动。各种活动必须严格划定范围、规定路线、确定规模。注意减少旅游设施的修建对生态造成的负面影响，对自然生态和野生动物造成干扰，避免环境污染特别是水源污染。严禁超出自然承载力的开发行为。

第三，加快建立健全相应的文化和旅游公共服务设施，以多元立体营销架构推广、扩展竹贤乡文化旅游。

**（五）以特色文化增强群众文化自信**

乡村特色文化反映的是一村、一乡文化所呈现出的区别性和唯一性特征。正如俗语所说，“五里不同风，十里不同俗”，由于自然环境、历史沿革、居住族群、生产生活方式、思想意识、价值观念等的不同，中国的乡村文化呈现出较大的多样性与差异性。发现、提炼出乡村特色文化，对于对外展现乡村独特文化风貌、提升乡村知名度与影响力，对内增强群众对本乡文化的认同感与自豪感，进而主动参与本乡文化建设、积极推动乡村振兴都具有非常重要的作用。

竹贤乡得天独厚的自然条件为其生态文化的形成奠定了基础，同时地理环境的特殊性也形成了竹贤乡人特殊的与大自然的相处方式，从高低落差极大的立体村庄分布到“天坑”居民绝壁凿出“天路”的壮举，无不体现出竹贤人的天人观念，以及在与恶劣环境艰苦卓绝的斗争中形成的“勤劳勇敢、艰苦奋斗、坚守初心、自强不息”的下庄精神。世界自然遗产地和全国脱贫攻坚楷模毛相林的家乡、下庄精神的诞生地，已成为竹贤乡两张响当当的名片，“世界遗产胜地，时代楷模故里”当成为竹贤乡的鲜明定位，与之相关的以保护自然生态为核心的生态文化和以艰苦奋斗、自强不息为价值导向的下庄精神便是对竹贤乡特色文化的准确表达。

要引导本乡群众树立生态文化观念。通过向本乡群众宣传、普及竹贤乡作为世界自然遗产所在地、天然的生态宜居之所的重要价值，引导群众深入理解“绿水青山就是金山银山”，形成生态保护意识，自觉保护生态环境，自觉推广生态文化，坚持在推动乡村振兴中走生态发展和可持续发展的道路。

以弘扬和践行社会主义核心价值观为指向，以“下庄精神”为引领，推进竹贤乡精神文明建设与人文风貌提升，移风易俗，实现乡风文明。通过开展家风家训评比、科学生态种植竞赛、建立村民互助组织以及各类乡村文化活动，以实践来重新定义竹贤的乡风、民风和家风，促进竹贤人民群众对竹贤文化的认知和理解。建立以各村为基础、村民为主力的竹贤文化宣传队，借助手机、电脑等现代工具，建立抖音号、微信视频号等新兴宣传平台，以生活化、具象化、多样化的内容宣传竹贤文化与精神；加强对村民的正确引导，鼓励村民尤其是文化能人通过使用社交媒体加强交流与互动来推动竹贤文化的传播，促进村民建设乡村文化的主体意识的形成。

**（六）建立现代乡村文化治理体系**

乡村文化振兴作为乡村振兴的重要方面，需要充分发挥乡村治理作用。建立科学现代的乡村文化治理体系，能够为建设充满活力、和谐有序的乡村社会提供引领和支撑。中国传统乡村的治理往往较多依赖于乡村文化网络中蕴含的乡村文化权力和自治实践。在通常情况下，一族族长不仅掌管全族事务，一般也被推举为本族的代表参与乡村治理；乡规民约具有自治和德治的显著特征，这也是传统乡村治理的重要手段。传统乡村治理提供了一个有效的具有内生动力的乡村自治系统，对今天建立简约高效、治理有效的乡村文化治理体系仍有着重要的借鉴与启示作用。

随着竹贤乡自然资源、人文资源价值的极大提升，其乡村文化发展的巨大潜力也引起越来越多的注目与重视，《竹贤乡乡村振兴总体规划（2021—2035年）》已逐渐进入落地阶段，未来的竹贤乡发展将会有更多的政府、企事业单位、社会组织，乃至资本力量的介入，也必将推动竹贤乡乡村文化治理主体的多元化，但本乡群众永远是乡村文化建设的主体。因此，在乡村文化振兴过程中，应转变基层管理干部的治理观念，充分考虑文化治理主体的作用，在坚持法治为本的前提下，重视自治的基础性作用和德治的软性作用，促进乡村文化治理多元主体合作。建立起党委政府、企事业单位、文化自治组织、专家、本乡群众之间在平等合作的关系框架下，各方共同参与乡村文化事务管理和服务的文化治理体系。

要重视乡规乡约、村规民约的作用，积极培育乡规民约的承载主体。要发挥好乡村精英作为乡村自治治理主体的作用，积极培养乡村精英和乡村自治组织，引导“本土人才”“新乡贤”参与到乡村治理中来，发挥其更大的作用。弘扬乡村自治文化，充分发挥广大农民的自主作用，尤其是鼓励外出经商、务工的青壮年农民返乡创业，发挥其作为乡村文化建设者的主体作用，以此鼓励更多人关爱家乡、认同本乡文化，积极参与乡村治理。

# 移风易俗与乡土文化重建

## ——以重庆市云阳县泥溪镇“无事酒”整治为例

郭凌燕

(西南大学中国乡村建设学院)

【摘要】“做酒”是民间普遍存在的传统习俗和仪式,也是民众实现人情往来并因此建构、延续社会关系的重要途径。随着现代化、市场化的强势渗入,人情开始出现泛化、异化的现象,这给村庄带来了严重的影响。本文立足重庆市云阳县泥溪镇“无事酒”整治工作,关注当地政府如何嵌入,村委、民众如何在博弈与调适的过程中达到自己的目的,逐步推进移风易俗工作;并探究在多方的共同努力下引导、重建乡村人情,进而通过乡村文化振兴实现村庄善治的过程。

【关键词】移风易俗;乡土文化重建;“无事酒”;泥溪镇

### 一、问题的提出

自乡村振兴战略实施以来,中央特别强调,乡村是不是振兴,要看乡风好不好。习近平总书记指出:“实施乡村振兴战略不能光看农民口袋里的票子有多少,更要看农民的精神风貌怎么样。”为了更有效地推动乡村振兴,必须坚持物质文明和精神文明一起抓,改善农民精神风貌,不断提高乡村社会文明程度。废除农村陈规陋习,树立文明新风,稳步推进移风易俗是乡风文明建设工作的重点与难点,事关乡村文化振兴、乡村治理的成功。

作为乡风文明的重要内容,人情往来是乡风文明建设的核心工作之一。它对整个社会仪式、秩序的维护和再生产有着至关重要的作用。借由人情名义的“做酒”“整酒”是中国普遍存在的传统习俗和仪式,也是民众赖以实现人情往来,建构、延续社会关系和社会网络的重要媒介。这一点对乡村社会更为明显。当今社会,随着现代化、市场化的强势渗入,人情泛化甚至异化的现象愈演愈烈,人情在实现其自身功能的同时,更多地成为民众的负担,人际关系更加功利化,乡村社会甚至出现一定程度上的无序化。这对民众的生活,对乡村社会的发展,对乡村振兴的推进都极为不利。在此语境下,国家及时介入,综合各方面因素,整合各方面力量,通过移风易俗,大力整治“无事酒”等行动,取得了明显成效，为乡风文明和乡村全面振兴提供了重要的经验与启示。

调研重庆众多乡镇发现，部分乡镇“无事酒”泛滥，村庄人情往来已经成为村民的重负，在此语境下，国家开始介入村庄公共文化生活，介入私人生活领域的建设。国家权力为何及何时选择介入“无事酒”整治，对“无事酒”如何重新界定，如何发动治理主体有效参与，政府如何与民间对接，采取何种策略进行执行和监督，乡土社会如何回应、如何变通，各方主体如何磋商与博弈，又如何在国家治理和乡土传统之间找到契合点，这些都是值得思考和讨论的问题。

## 二、“整酒风”变“整酒疯”：“无事酒”整治的背景及必要性

中国是一个重视亲情伦理的国家，血缘关系、地缘关系是村庄社会至关重要的链接纽带，每个人以“己”为中心，以关系的亲疏远近建构起一个个的“差序格局”。在乡村关系网络的建构中，人情是其中一个很重要的因素。即使在社会发生重大转型的今天，乡土中国的底色仍在，乡村社会仍然是一个复杂的人情关系网络系统，对乡村来说，人情本身所具有的价值意义和象征意义依然重要且无可取代。所有生活于其中的人都必须遵从并有义务维持所在村庄人情运作的既有秩序和潜在规则，否则便是被界定为“无序”“失序”的。人情的顺利运行，可以使个人和家庭在乡村社会中找到自己“应有的”位置，如此一来，乡村才会“井然有序”，“互助守望”的乡村社会才能安稳运转。依托于人情的“做酒”“整酒”也因此成为一种传统的习俗和礼仪，千百年来承担着乡村人情建构和延续的责任。

但当今随着现代化、市场化等观念的强势渗入，乡土社会遭遇了前所未有的冲击，乡村社会一方面呈现出明显的“原子化”“碎片化”特征；另一方面，随着手机、互联网等在乡村的普及，乡土社会也呈现出“大社会”“大社区”的特征，“虚拟社区”让原本相对闭塞的信息变得及时通畅，也因此让更多的村民与村庄发生联系。在这种语境下，原本维系村庄人情往来与社会关系建构的“做酒”仪式开始发生变化，与之前的传统文化、仪式和社会价值逐渐剥离开来，并因此出现向谋利、异化发展的趋势，依托各种各样名目的“无事酒”开始出现并日渐盛行。礼金甚至占据了普通村民可支配收入的绝大部分，甚至出现“借债挂账”，对民众生活尤其是困难民众的生活影响巨大，已经成为乡村振兴道路上的极大障碍。

村庄民众、村干部深受其害。与此同时，乡村社会人情往来具有的约束性、延续性与内生性使得生活在其中的村民仅仅依靠自己难以打破这样的人情怪圈，即使常年在外的打工者也很难跳出村庄的人情圈。一些深度贫困乡镇民众每年的可支配收入与人情礼金总额基本持平，甚至需要借债还人情，“以前大家办酒不在钱，在于情，后来慢慢就变味了，除了婚嫁丧葬这些必须要办的酒席外，大家还办起了‘升学酒’‘满月酒’，甚至有些村民两口子合起来办‘百岁宴’，明明是六七月过生日，硬是拖到腊月间，外出务工的亲朋好友回家了再办席，这股‘整酒风’已经变成了‘整酒疯’”①。

① 华龙网.云阳泥溪镇：出实招整治“整酒疯”[EB/OL].(2018-08-22)[2021-07-15].http://cq.cqnews.net/cqqx/html/2018-08/22/content_44799769.htm.

不仅整酒的名目花样繁多，送人情的边界也一再拓宽且呈现边界混乱的状态。伴随着高山搬迁移民、城镇移民等的增多，村庄人情的范围随之扩大，邻村、临镇、县城都在送人情的范围之内。除此之外，近年来随着网络通信的普及，各种“虚拟社区”建立起来，家族群、村庄群、乡镇群等的存在对村民之间及时有效沟通信息有重要作用，但同时也极大地拓展了人情圈的范围。在调研中发现，一再被村民提及的“走得宽”，才是造成人情负担关键的因素。村庄人情一般的关系是两百元礼金，关系好的，或者是血亲关系就要上千元，但是因为“走得宽”，普通农户每年的礼金都在两万元以上，即使所谓的“不走人情”的，每年的人情礼金也要在五千元以上。

调研重庆众多乡镇发现，很多乡镇“无事酒”盛行，给乡村振兴工作带来了极大的困难，“‘无事酒’整治之前，当地很多外出打工的老百姓，辛辛苦苦挣一年的钱，结果春节回家天天忙着送人情，把打工一年的钱全部送出去，然后等过完春节再空手外出打工。这种现象很严重，首先是给当地的老百姓，尤其是给那些村干部带来很大的负担，曾经就有一个村干部跟我说：有一年从县城回到家，不到一天的时间就送出去两千多元；而且‘无事酒’办得多了，老百姓酒驾的概率就大，很多老百姓都是骑摩托车，去吃酒席，贫困乡镇地区又是山高路陡，一旦出现交通事故都不是小事；还有就是大家办酒席的时候也要攀比，剩菜特别多，这就造成了严重的资源浪费和环境污染。因此，‘无事酒’整治可以说是不得不行动，而且很大程度上可以说是民生工程了”[①]。从这个层面来说，移风易俗，“无事酒”整治行动已经成为推动当地社会变迁和民众保持稳定有序的日常生产生活的内在需求。

在乡村振兴行动中国家将“乡风文明”放在重要位置，移风易俗，整治“无事酒”成为国家主推、地方政府大力执行、民众主动配合的行动。重庆市及时行动，迅速制定一系列政策，规定从上到下推行移风易俗活动，并将其纳入乡镇政府考核指标，积极调动各方力量，在充分考虑乡村“熟人社会”的基础上，实施了广泛、较为彻底且效果明显的“无事酒”整治行动。

## 三、磋商与博弈：“无事酒”整治的实践逻辑

“村庄秩序的生成有二元性：一为行政嵌入，二为村庄内生。”[②]国家权力嵌入乡土社会，引导规范乡村人情是必要且必需的，也是一个需要各方治理主体长期磋商与博弈的阶段。人情的边界和主体如何重新界定？如何动员各方参与主体？整治行动如何才能实现顺利推进——既能经得起上级政府的监督检查，又跟村民的关系不至于搞僵？当地政府嵌入村庄人情治理，就必须找到一个治理各方都能接受的契合点，以便在完成移风易俗任务的同时，与村庄的人情规则相结合，如此一来，才能既帮助村民解决人情重负的问题，同时又能引导规范村庄人情和保持乡村社会的正常运转，这些都是推进“无事酒”整治行动顺利进行的关键要素。

① 重庆市云阳县泥溪镇原党委书记陈宇，在任期间主抓“无事酒”整治运动，制订相关方案与措施，并亲自监督执行，镇域内“无事酒”整治行动取得了显著而持久的效果。调研期间，得到陈宇书记及相关工作人员帮助，在此一并感谢。

② 贺雪峰．乡村治理的社会基础——转型期乡村社会性质研究[M]．北京：中国社会科学出版社，2003:4.

### (一)“人情”的重新界定

对乡村社会来说，人情是熟人社会中各种人际交往以及礼物交换的代称，人情本身不仅涵括礼物、换工等看得见的因素，人情更是一种内涵得到文化价值所认可的社会规范[①]，具有物质性、工具性、情感性等多方面的功能[②]。对村民来说，“人情”是个很微妙的词语，很难说得清楚，但是无时无刻不在规范引导村民的行动；不仅如此，“人情”本身也是一个家庭重要的交往工具，通过“人情”的维系与传承，村民不仅能找准自己的角色定位，也能顺利与其他村民进行交往和利益互换，还能将这样一种资源实现代际传承，继而实现人生和家庭的有序发展。人情如此重要，依托人情的“做酒”习俗在长期的继承和发展中已经具有区域民众都认可的程式和规定，这些程式和规定就是乡村社会的“非正式制度”[③]，乡村社会就是在这些非正式制度和正式国家制度的博弈、调适中不断整合、调适自己。因此，在移风易俗的过程中，需要重视乡土本身的实际人情和这些非正式的力量。

以重庆市云阳县泥溪镇整治“无事酒”为例。泥溪镇早在2012年就开始“无事酒”整治，但是力度一直不大，2017年该镇被划定为重庆市深度贫困乡镇，政府随之在全镇范围内全力推进移风易俗工作。在整治工作全面开展之前，镇党委书记带领全镇干部和村干部召开各种会议，在充分了解把握当地人情现状的情况下，最后各方达成共识并制定《泥溪镇治理城乡居民操办“无事酒”专项行动方案》。方案对操办和参与“无事酒”进行了明确统一的规定，即“除婚丧事宜之外，借民俗活动、乔迁履新、升学参军、小孩出生（满月、满岁）、寿诞庆礼、经营开业、调动升迁等事由违规聚客、操办宴席，以此借机敛财的行为均视作操办‘无事酒’；为操办‘无事酒’当总管、坐礼房、送礼、帮厨、供餐、提供场所、提供服务等，属支持违规‘整酒’行为，视作参与‘无事酒’”[④]。

以上对“无事酒”的范围和参与情况进行了界定，不仅如此，还对正常“做酒”的范围和程序、礼金金额做了明确规定：“民俗喜庆等不办，民俗日等民风民俗类不摆宴席、不请客，严禁以升学、升职、就业、生日、乔迁、参军入伍、老人做寿等名义操办宴席。婚庆婚俗新办，即婚宴从简，迎亲车队车辆数量不超过6辆，婚庆宴席不超过20桌，回礼香烟或红包价值控制在10元以内，每桌酒类控制在30元以内，其他饮品控制在20元以内，每桌菜品金额控制在300元以内。自觉抵制滥发请柬、大摆宴席、天价彩礼和乱闹洞房等恶习陋俗。除近亲或三代以内旁氏血亲外，其他三朋四友、邻里乡亲礼金不得超过100元。”[⑤]这些规定对“无事酒”的范围和正常“做酒”的规格均进行了明确限定，内容主要涉及村庄的公共文化生活，触及民众的家庭和私人生活领域，力图改变他们的人情和消费观念，并严格控制礼金金额和宴席规模，改变当地民众的生活习惯。这些规定可以切实减轻民众的经济和心理重负，实现村庄有序健康运转。

---

① 翟学伟.人情、面子与权力的再生产——情理社会中的社会交换方式[J].社会学研究，2004(5)：48-57.

② [美]阎云翔.礼物的流动——一个中国村庄中的互惠原则与社会网络[M].李放春，刘瑜，译.上海：上海人民出版社，2000.

③ 孙立平，郭于华.软硬兼施：正式权力非正式运作的过程分析——华北B镇定购粮收购的个案研究[A]//清华社会学评论（特辑）[C].厦门：鹭江出版社，2000：21-46.

④ 资料来源：泥溪镇政府关于整治“无事酒”的相关资料。

⑤ 资料来源同上。

更重要的一点是，在《泥溪镇治理城乡居民操办“无事酒”专项行动方案》中，其中的很多规定充分遵从了村庄的人情与运作机制，政府在制定规定的同时，对酒席数量、礼金金额给予了一个区间值，这就给予了村庄一个可以发挥的弹性空间，乡土社会在这样的弹性空间之内按照自己的实际情况，在国家和地方政府允许的框架内因地制宜地建构起最适合自己的村庄规范，进而在满足村庄诉求的同时，又能与上级政府的意愿更好地融合。

**（二）多元主体有效互动的共同治理**

“无事酒”泛滥，对家庭和村庄的正常运转造成了巨大的负担，国家和地方政府确实有必要介入乡村公共生活，甚至是民众的私人生活领域，但政府、村庄、家庭的责任边界划定更为重要。乡镇党委、政府的主要职责是在方向和原则上对“无事酒”整治行动进行规范、引导和动员，村庄层面也要积极配合，因地制宜，发动各方面力量贯彻执行，村民更要主动遵从。“没有多元主体的协同参与，移风易俗难以获得持久深入的效果。”[①]泥溪镇在推进“无事酒”整治工作中，明确各方责任，协同推进“无事酒”整治行动。

第一，乡镇层面。乡镇党委、政府主要在规则制定、引导规范层面发挥作用。乡镇党委书记亲自主持“无事酒”整治行动，召开全镇的镇村干部大会，在充分讨论与磋商的基础上，镇村干部达成共识，除了制定《泥溪镇治理城乡居民操办“无事酒”专项行动方案》外，还“把整治大操大办当作树立文明乡风的载体，当成群众增收节支的工作，同时作为激发群众内生动力的突破口，作为提高群众认可度的重要手段，助力脱贫攻坚；村干部、组长、党员把整治大操大办作为减轻群众负担、减少群众支出的突破口，把它当作经济工作来抓”[②]。方案和共识的达成为“无事酒”整治的正当性和合理性提供了制度层面的保障，从方向和原则上进行规范和引导，并进行全面监督。此外，乡镇党委、政府积极组建自上而下的工作机制，在召开乡镇党委会议之后，接着召开村干部会议，之后村干部再召集召开社长会议，最后由社长召集召开群众院坝会，层层传达。“镇、村、组分别组建宣传小组，召开全镇动员会、院坝会、‘总管’培训会等……阐明反对高额彩礼、简化婚丧程序的必要性，扎实做到宣传政策家喻户晓、全面覆盖。”[③]与此同时，为了更好地推进“无事酒”整治行动，当地政府还注重通畅与民众的沟通渠道，民众需求及时“回嵌”到政府的“无事酒”整治工作中来，由此自上而下的工作机制与自下而上的沟通渠道建立起来，使得“无事酒”整治工作顺利推进并取得切实成效。

第二，村庄层面。乡镇党委、政府在制订方案时充分考虑了村庄人情的因素，并给村庄层面预留了一定的弹性空间，村庄在积极遵从上级要求并完成上级政府的任务时，也认真探索适合自己村庄的路径。比如，大力宣传政府印制的《乡风文明倡议书》，并积极召开群众院坝会；制订通俗易懂的标

---

① 李永萍．村庄公共性再造：乡村文化治理的实践逻辑——基于福建省晋江市S村移风易俗的实证分析[J]．中国农业大学学报（社会科学版），2021(3):72-82.

② 资料来源：泥溪镇政府关于整治“无事酒”的相关资料。

③ 华龙网．云阳泥溪镇：出实招整治“整酒疯”[EB/OL]．(2018-08-22)[2021-07-15].http://cq.cqnews.net/cqqx/html/2018-08/22/content_44799769.htm.

语，内容主要涉及乱整“无事酒”的影响，规范村庄人情往来，并将其张贴在村庄的宣传栏处；负责与农户签订《禁止参与禁办酒席承诺书》，并对其中的内容进行解释和宣传；充分发挥村庄红白理事会的作用，对其中的理事和成员进行规劝；对村庄的党员、能人进行宣传规劝，充分发挥其带头示范作用，积极将其纳入“无事酒”整治的行动中来。此外，对于一些村庄层面制止不了的“无事酒”，及时上报信息寻求帮助。村庄在积极响应上级政府要求的同时，因地制宜制定适合村庄“无事酒”整治的策略，充分发动村庄各方力量参与。与此同时，充分利用村中有威望、掌握资源者做工作，让村庄人情反作用于村庄的人情治理，以情动人，以情治村。村庄作为“无事酒”整治行动的关键点，通过广泛发动，充分发挥村庄不同人群的作用，打通“无事酒”整治工作的“最后一公里”，最终达到善治的目的。

第三，村民层面。“无事酒”泛滥给村民的经济和精神层面都带来了严重的负面影响，村民不堪重负，但是生活于其中的村民因为人情本身的特性而深陷其中，仅仅依靠自身力量难以打破其束缚。政府推行“无事酒”整治行动，就使得其跳出“无事酒”成为可能。政府的各种宣传标语，以及上述承诺书的签订，为村民主动拒绝“无事酒”提供了合法性和正当性，良好的群众基础由此形成。不仅如此，乡村“熟人社会”的特性也使得民众互相之间进行有效的约束、规劝和监督，这些都为整治工作的顺利推进提供了保障。

### （三）疏堵结合的策略治理

重庆市很多地理位置偏远的山区乡镇，民众居住较为分散，村民日常主要靠手机联系，村庄外出打工者众多，大部分集中在春节期间返乡，而且，传统的人情往来对村民的影响较大，这些都给“无事酒”整治行动带来了困难。针对泥溪镇的具体情况，镇党委、政府专门制订了“疏堵结合，稳步推进，收集信息是前提，管住首例是关键，管住春节是重点”的治理策略。

首先，充分利用当地的人情规则，制订《村规民约》，以人情治理人情，采取柔性治理方式推进“无事酒”整治行动。当地政府“深入摸排，建立台账，并组建宣传劝导队进一步织密预防网。摸排队伍包括社（组）、村（社区）及各单位、镇三级。信息收集是前提，一旦发现，会有村社进行规劝，同时及时上报信息”[①]。村社层面专门组织了“劝导队”，劝导队员由村党支部书记带头，村民们信任尊敬的贤人能人做队员，很多村庄还自觉成立了抑制“无事酒”“大操大办”理事会。村庄一旦出现“无事酒”信息，劝导队员主动上门劝导。这种由村庄权力阶层和精英全体组成的“中间层”，在传递国家意志的同时，又能充分利用村庄的人情资源进行劝导，更利于取得村民信任，成为顺利解决问题的关键，从而使更多的“无事酒”在源头上被禁止。

其次，巧妙实施“正式权力的非正式运用”，“对村干部、组长、党员和享受国家政策较多的五保户、低保户、贫困户大操大办和参与、办理‘无事酒’的实行强制要求，扣减或暂停享受政策；对其他没有直接政策约束的农户则通过到村镇办理非紧急事项手续时，给予延期一至三天的处理”[②]。实际

① 资料来源于现场访谈。访谈对象：泥溪镇政府工作人员；访谈地点：泥溪镇政府；访谈时间：2020年11月；访谈人：郭凌燕。
② 资料来源于现场访谈。访谈对象：泥溪镇政府工作人员；访谈地点：泥溪镇政府；访谈时间：2020年11月；访谈人：郭凌燕。

上，政府的力量不足以完全不经过乡土社会就将自己的意志垂直嵌入农户层面，基层政府与乡土社会在很大程度上依然需要不断的磋商与相互妥协。而将“无事酒”整治置于社区公共层面之上，不仅能显示强大的“国家在场”，通过自上而下的资源限制强力抑制村庄人情的泛滥，也能与这部分群体达成共识，对村庄“无事酒”整治起到示范的作用。

最后，强调“国家在场”，调动政府资源，强力制止一些劝导无效的“无事酒”活动。比如，泥溪镇曾在一次劝导无效的“无事酒”整治行动中，“专项行动工作组工作人员果断采取措施，将《泥溪镇治理城乡居民操办“无事酒”专项行动方案》等政策文件现场宣读，并通知村干部到达现场，清点参加酒宴的低保户、五保户、贫困户等享受国家惠民政策的人员，随后又清查了办厨人员的健康证、营业执照等证件，经查实，该酒席属于无证经营。专项行动工作人员先是对相关负责人进行说服教育，然后对主要负责人刘某处以500元行政处罚”①。

## 四、调适与变通：村庄人情的再生产

随着乡村衰败以及资源的不断外流，乡土人情与秩序的重建在很大程度上越来越依赖国家和政府的资源输入与引导，乡村振兴背景下国家和政府以“运动式”治理的方式嵌入乡村，这在打破乡土社会原有秩序的基础上，也给乡土社会带来了源源不断的物质与制度资源，引导规范乡村重建新的秩序。但是，乡土社会本身固有一套运行和保护的逻辑，乡土社会在遭遇巨变和挑战的时候会做出理性选择，并根据外部情况的改变不断自觉地进行自我调适和变通，从而实现村庄秩序的重建。

### （一）自觉调适：村庄人情秩序的重建

“无事酒”泛滥对乡村社会的生活和生产有着严重的负面影响，民众深陷人情漩涡不能自拔，村庄的正常秩序和文化再生产也因此遭遇挑战。国家权力的及时介入，赋予了“无事酒”整治行动以正当性与合法性。我们应该注意，乡镇“无事酒”整治行动不仅仅是国家意志的单向表达，而且乡镇政府、村委、村民也积极进行了回应和配合，是多方互动、共同参与、协同治理的过程。更进一步来说，国家层面的引导规范固然重要，但是村庄层面的调适与变通同样关键，只有自上而下的执行通道与自下而上的沟通渠道同时建立起来，双向流通互惠的机制才能为整个工作顺利推进提供有力的保障。

泥溪镇在推进“无事酒”整治行动中，镇党委、政府通过制订行动方案，与村民签订禁止办“无事酒”承诺书等方式，对村庄的人情边界、礼金数额以及禁止事项都进行了“正式”约定，与此同时，还通过大量张贴标语、与村民谈话等方式进行宣传，转变村民观念，从源头上进行治理。反观村庄层面，村庄长期被“无事酒”所累，本身陷于乡土人情怪圈难以打破，权力的及时介入对乡土社会来说是一个机遇，乡土社会积极自我调适，响应上级的号召，借机对村庄人情和社会秩序进行重建。

① 华龙网.云阳县泥溪镇：劝阻一起无事整酒　狠刹整酒风气[EB/OL].(2019-09-02)[2021-07-15].http://say.cqnews.net/html/2019-02/02/content_50269666.htm.

村庄层面积极宣传国家和地方政府的系列法规和政策，通过村规民约进行积极的引导和规范，分层分类对村庄办“无事酒”的民众进行制止。比如，很多乡镇村庄人员外流严重，留守人员主要是老人和小孩。针对外出打工者，村庄主要集中在春节等节日期间进行劝阻，通过面对面交流、张贴标语等形式劝阻，调研中经常被村民提及的“几年不回家，回家就办酒”就是这种例子；对于村庄常住人口，主要是利用熟人社会的优势进行信息收集并劝导，对强制办酒者强力劝阻。村民“办酒”固然有经济的因素在内，但是社会意义、“面子”也同样重要，被强力劝阻者一方面不仅有经济损失，也会因此影响家庭在村庄的“面子”和“威望”，这对家庭的发展非常不利。如此一来，村庄层面的公共约束力一旦形成，对村民的规训和劝解功能显著增强，自然内化为村民认同的村规民约，而村庄公共规则的形成和渗入，有利于村民自觉意识的形成，并最终融入村民日常生活，从而实现自我治理的目的。

对村民来说，人情圈给他们带来物质与精神的双重重负，人情本身具有的延续性又使得这种怪圈不断延续下去，而且随着经济的发展，人情负担还有继续加重的趋势，这也使得村民自觉接受并参与“无事酒”整治行动，趁机缩小家庭的人情范围，适当减少礼金数额，以更好地维持家庭的正常运转和持续发展。“我家每年的收入在三万元左右，除去日常的开销，剩余的基本都用在人情往来上了。你不去不好，别人都去，这样以后在村子里是没法混的。现在整治‘无事酒’，我是积极响应的，你想，办酒是可以收钱，但是你收的钱都是你以后要还的债，而且利息还高，比如别人送你两百元，你至少得送二百元，关键你还得出酒席钱，最后就是大家都没赚到钱，这就是人情债。”“无事酒”整治行动以来，村民观念发生了明显的转变，人情圈范围逐渐缩小。不仅如此，民众大部分也自觉按照规定办酒席，人数和规格严格把控，做酒“标准”的限定成为村庄公共规则，对于“夸富性”消费以及“标榜阶层”消费都起到了很好的抑制作用，从而把人情往来重新引导至正确、合理的方向上来。

这对村庄的贫困户来说更为重要。脱贫攻坚行动以来，政府对贫困户投入了大量的物质和行政资源，镇、村干部与贫困户关系有了明显改善，干群关系更加密切。因此，面对来自村庄人情圈与上级政府的双重压力，贫困户必须坚定地做出选择。“无事酒”整治行动使他们缓解了部分压力，“国家在场”与违规的惩罚，更容易改变他们的观念和行动逻辑，使得贫困户在村庄人情圈中更倾向于主动做出理性的选择，而人情标准的制定也能避免贫困户因此被挤出村庄中心圈成为边缘群体，避免了村庄的进一步撕裂，有利于村庄整合和村庄秩序的重建。

**(二)灵活变通:“流动的酒席”与“虚拟的社区”**

对大部分村民来说，“无事酒”整治行动是能接受并可以主动配合的，但是也有少数村民出于理性“算计”的考虑，认为不符合村庄交往的平衡逻辑。人情往来本身具有周期性特点，因此导致在人生的某些阶段，“做酒”次数相对较多，反之亦然，站在经济利益角度看，这就在短时间内造成村庄人情交往出现不平衡的现象。此外，村民之间存在复杂且频繁的交换行为，这就使得一些人情往来正常且必要。

由此，村民在积极配合“无事酒”整治行动，主动从当前人情异化的重负中摆脱出来以回应政府工作的同时，也继续保持除婚丧嫁娶之外的一些人情往来，以免陷入村庄的舆论压力，这也是村民举办、参与“无事酒”的主要动力。同时，“无事酒”整治行动开展以来，政府疏堵结合，柔性治理，村庄层面积极主动配合，整治行动深入人心，大部分村民积极参与，很快就在村庄层面自觉地形成了积极的舆论导向，如此一来就给想办“无事酒”的家庭造成了很大压力。

我们也应该看到，“无事酒”整治工作必须遵循村庄人情规则，需要循序渐进，逐步推进。即使在舆论导向已经建构起来的情况下，村庄的人情依然存在“变通”的现象，部分人情依然在延续。比如，有村民将办酒席的地点选择在临近的乡镇或者县城，而参与者送礼金的方式则采取微信或者银行卡转账，甚至以串门的方式单独赠送，这种方式既与政府的方案和规定不相冲突，能很好地应对上级政府的监督检查，同时也维系了家庭的人情往来习俗。

而随着电信设施的完善，手机、互联网成为当地村民重要的联系方式，因此建立的各种虚拟社区成为村庄新的“公共空间”。这些虚拟公共空间的兴起，不仅没有让村民产生陌生感与疏离感，反而把更多村民“聚集”起来，形成一个超越家族、村庄甚至乡镇的更大“社区”。“虚拟社区”让村民之间的信息更为顺畅、及时，导致村庄人情越走越宽，人情负担不断加重。这也成为当前“无事酒”整治行动中的一大难题。

## 五、结语

乡土社会本身有一套行之有效的运行逻辑，人情“再生产”的过程本身就是民众维系日常生活的重要生存策略，也是村庄传统和社会秩序得以延续和“再生产”的过程。但是，当代社会随着人情不断异化，村庄民众不堪重负，村庄开始出现无序竞争，村庄共同体不断遭遇挑战。自乡村振兴战略实施以来，国家将移风易俗工作重点推进，并由此将村庄自上而下的资源对接与自下而上的诉求反映相结合，在不断的磋商、博弈中，不断调适自己，最终达至村庄秩序与传统规则的“再生产”与正常维系。人情治理作为文化治理的延伸部分，本身具有参与度高、透明度高、治理成本低等特点，大大降低了政府的治理成本，同时提升了治理的效果，而且能温和地达至国家制度无法完成的目标，目前看来是十分有效的路径。

但是，我们也应该看到，乡土社会传统在短时间内很难“一刀切”，各方主体在对接过程中依然存在这样或那样的问题，这就需要我们不断反观乡村的公共文化生活，找寻并深挖那些潜藏在规则之后的文化密码，了解乡土，理解乡土，因地制宜，各方主体做好长期磋商、调适，且保持长期有效互动的准备，稳步推进，如此才能取得持久的效果。

# 红色文化带动乡村振兴
## ——以綦江区安稳镇崇河村为例

刘亚鑫　包俊　汪德生
（1綦江区安稳镇政府　2綦江区融媒体中心　3重庆丫摄传媒有限公司）

【摘要】綦江区安稳镇崇河村位于渝黔边界，有着丰富的红色文化。红色文化是地基，干群合力共筑主体结构，外部力量添砖加瓦，“三要素”齐发力，共同绘就崇河村乡村振兴蓝图。近年来，按照“打造一条红军街、培育一批好产品、做活一个旅游专业合作社、探索一条致富路”的总体思路，在2020年6月迅速“走红”，被人民网、《人民日报》、《重庆日报》等新闻媒体宣传报道，成为“用好文化资源、助推乡村振兴”的典范。

【关键词】红色文化；乡村振兴；崇和村

### 一、渝黔边界上的“红”土地

綦江区安稳镇崇河村幅员面积7.4平方千米，辖10个村民小组，现有农户853户、人口2064人；海拔800~1000米，距离重庆主城约一个半小时车程、綦江城区约一个小时车程，210国道贯穿其中，安稳高速路下道15分钟，拥有长征文化、盐马古道文化、统战文化、抗战文化等独特文化资源，区位优势明显，人文、生态环境优越。

崇河村位于渝黔边界，自古以来就是渝黔咽喉，交通要道。1935年1月15日，红一军团一师二团在团长龙振文、刘瑞龙和政治委员邓华的带领下，抢先攻占綦江羊角乡，扼守川黔交界的酒店垭关隘，严密监视川军和贵州盐防军的军事动向，保卫了遵义会议的顺利召开。在这片土地上留存下“红稗土”“红二团指挥部”等一个个红色遗址，也流传着“红军买糍粑”“为红军带路的贫困农民杜福生”等一个个红色故事。

由于优越的地理位置，在20世纪90年代，这里川流不息、人声鼎沸，村民沿街开起各种商铺，餐饮、住宿、修车、理发……一应俱全，那时的崇河村宛如崇山峻岭间的一颗“夜明珠”，熠熠生辉。2004年渝黔高速通车，令崇河村原本得天独厚的区位优势一下荡然无存，来往车辆锐减9成以上，商铺经营难以为继，村民纷纷外出打工，没了人气的崇河村沉寂下来，"明珠"就此蒙尘。

明珠蒙尘，可崇河村红色文化始终闪闪发光，内涵也更让人肃然起敬。

## 二、偏远乡村的"红"装新貌

近年来，綦江区安稳镇深入挖掘红色文化资源，积极抢抓脱贫攻坚、乡村振兴和长征国家文化主题公园建设等重大历史机遇，坚持"把农村建得更像农村"的发展理念，以建设文农旅教融合的美丽乡村为目标，坚持经济、文化、生态并举和生产、生活、生态并重，以"红色村"建设为抓手，按照"红色文化+党建+旅游+农业+教育+基层治理"的总体思路，以"红色文化+党建"为突破口，突出政府主导、群众主体、市场运作、公益支持，努力探索一条以红色文化带动乡村振兴的新路子。

### （一）"红军服"里洗出"红火日子"

"男生换衣服在左边房间，女生换衣服往右边走"，早上9时许，村民杨友书的屋门前就挤满了熙熙攘攘的人，这都是前来体验"重走长征路"的游客。

"我家屋子宽敞，就三人儿住，房间闲着也是闲着，村里发展红色旅游经济是好事儿，我出不上力，就出间房嘛！"对于发展红色旅游，杨友书很支持。

"重走长征路"活动是安稳镇红色旅游的重要组成部分，安稳镇将红色旅游与网红经济相结合，吸引不少游客慕名而来，游客身着红军服，脚踩长征路，感悟红色内涵。红军服由村集体统一采购，租赁给前来体验的游客，游客走完长征路归还服装。可更换下来的红军服沾满汗水，需要及时清洗，由谁来清洗，村里一时没拿定主意。起初，游客较少，几个村干部商量着每人带回家几套，用自家的洗衣机清洗，倒也不耽误事儿。可随着安稳镇红色旅游的覆盖面拓宽，影响力提升，游客越来越多，几个村干部本就忙得焦头烂额，看着堆积如山的换洗衣物，村党支部书记何康犯了难——"如果交给专业的洗衣店，费用高不说，加之村里没有洗衣店，得运到镇上清洗，增加运输成本，还耽误时间"，"不如就交给附近村民，既解决了洗衣问题，还能给村民带来额外收入，一举两得"，何康头脑灵光一闪。他随即召开村民会议商议此事，清洗一套红军服8元钱，杨友书知晓后，一口接下这项工作。"工欲善其事，必先利其器"，接下任务的当天，杨友书就买了两台新洗衣机。自从接下了清洗红军服的工作，杨友书几乎是一日没闲着，为了不耽误游客重走长征路，常常洗衣机运转着，她手也不闲着，就为了能让游客及时穿上干净的衣服。

2021年，在建党100周年的大背景下，安稳镇将"重走长征路"与党史学习教育相结合，游客更是络绎不绝，截至7月底已接待游客超过一万人次，杨友书也在红色旅游经济的辐射下收益数万元，日子越过越红火。

图1 “长征路上”颂党恩(王京华 摄)

**(二)“茶叶蛋”摇身变“金蛋”**

在安稳镇长征路的中途有一栋两层高砖混结构的房屋,这是游客重走长征路中的一个休憩点。67岁的周伦英便是这座房屋的主人,丈夫和公公相继去世后,就只剩她和儿子相依为命。周伦英有高血压等多种慢性病,干不了下力活儿,每月还得花费医药费,儿子也没文化、没技术,只能靠务农、打零工勉强维持两人生活,就这样在2014年周伦英家因病被精准识别为建卡贫困户,直到2020年,在党委政府、帮扶干部的帮助下脱贫摘帽。

脱贫不是终点,如何让已摘帽的贫困户日子越过越好,如何让他们享受到红色旅游经济发展所带来的红利成了崇河村村委思考的问题。于是,在崇河村村委的谋划下,周伦英家的院坝便成了“重走长征路”途中的休憩点。周伦英为游客提供休息场所及茶水,村委从旅游收益中为周伦英提供补贴,有效改善母子生活。

靠着为游客提供“红军茶”,周伦英有了额外收入,心中欢喜。一天,她就着家里的土鸡蛋和茶叶,做了十来个茶叶蛋让游客品尝,没想到却收到意外好评:“这茶叶蛋不咸不淡,又带着茶叶的清香,比城里的好吃多了,老人家,你多做些出来卖,肯定受欢迎。”从游客的话中,周伦英受到启发:“现在搞红色旅游,过往的游客多了,城里人喜欢吃土货,卖自家土鸡蛋做成的茶叶蛋好像也是一条致富路。”

在村干部的支持与帮助下,周伦英在自家门前支起了摊,卖起了茶叶蛋。茶叶蛋品质好,售价2元一个,物美价廉,供不应求。由于生意火爆,周伦英自家的土鸡蛋完全不够用,村干部自发帮忙到周边农户收购,在保证茶叶蛋持续供应的同时,也帮其他农户卖出了鸡蛋。

图2 喝红军茶(王京华 摄)

### (三)“红色旅游”催生餐饮“第二春”

55岁的罗德开在崇河村经营餐馆已有20多年之久,他陪伴着崇河村经历繁华与落寞。从2020年开始,村里开始挖掘红色文化资源,大力发展红色旅游经济,红色文化与网红经济的融合,让崇河村在2020年6月迅速“走红”,被人民网、《人民日报》、《重庆日报》等新闻媒体宣传报道,成为人们心中新的网红打卡点。

人流量的增加,让罗德开嗅到商机,他感慨万千:“看着崇河街上过往的车流、攒动的人头,昔日崇河村的繁荣景象再次浮现眼前,像做梦一样。”

崇河村餐饮迎来“第二春”,重操老本行,得有新花样。在镇村干部的指导下,罗德开的餐馆开始重新装潢。餐馆内随处可见红旗、烈士图像、题字等红色文化元素,但最引人注目的还是那幅用草鞋拼凑起来的中国地图,象征着红军长征的艰难与不易。

“红色文化”是红色旅游经济的“神”,相关配套及表现形式是红色旅游经济的“形”,神形统一才完整。罗德开对餐馆的经营形式有着深刻认识,所以在游客多的时候,罗德开还会身着红军服下厨,为游客讲红军故事,并推出鸡、回锅肉、酥肉等一系列特色菜品,营造出浓厚的红色氛围。

罗德开的做法也确实给他带来不错的经济效益,他的店门前总是门庭若市。“一枝独秀不是春,百花齐放春满园。”在红色旅游的带动下,餐饮店如雨后春笋般在崇河红军街旁冒了出来,不仅有家常菜、江湖菜,还有独具地方特色的崇河辣子鸡、安稳羊肉等,应有尽有,崇河村餐饮呈现出一派欣欣向荣的景象。

### (四)乡村民宿留住了“红色旅游”的客人

“现在红色旅游搞得热火朝天,可游客都是当天来当天走,人没留下来,怎么有经济效益?”“崇河村平均海拔有800多米,夏季凉爽,如今有红色旅游带动人气,不如搞民宿,让游客真正住下来。”在崇河村干部会议上，乡村民宿的概念第一次摆上了会议桌。一番讨论后，发展乡村民宿的点子便拍板定了下来。

动员村民是第一步，村干部们沿街入户宣传，没承想，这一开始就碰了壁。

“咱们村的红色旅游发展已经步入正轨，把观光体验的人吸引来了，可配套的住宿还不成熟。周伯，你家房子修得这么漂亮，又有闲置的房间，把屋子收拾打造一番，做民宿怎么样？”“我也没搞过民宿，对这方面不懂呀，而且城里人真愿意在我们这地方住下来吗？”村民对发展民宿忧大于喜，积极性并不高。

“万事开头难，村里也从没有人经营过民宿，村民有担忧是正常的，我家正好有几间房闲置，我带头搞，大家看到经济效益，也能消除后顾之忧。”在乡村民宿难以推行的时候，村干部蒋发焱冲在了前头。

随后几天，蒋发焱清扫院坝，整理房间，采购家具，好不忙活。很快便有了乡村民宿的样子，卧室整洁，院坝干净，花草环绕，几棵果树立在门前，鸟儿在树上啼鸣，不远处还有一口鱼塘，光看着这画面，就能想象居住在这里的闲适生活。

不枉费蒋发焱的精心打理，他家的民宿很快便迎来了一批旅客。有旅客谈道：“傍晚闲坐在院坝，感受微风拂面，好不惬意，真有‘望得见山，看得见水，记得住乡愁’的境界。”

看着蒋发焱的成功案例，加之村干部们不厌其烦地宣传动员，很快便有人响应起来。崇河红军街上的餐饮店杨家幺店子和红色人家各自整理出闲置房间近10间，加之又有自身餐饮的带动，入住的游客也不少。

随着红色旅游的发展，乡村民宿这一新业态在崇河村迎来了新的发展机遇。为推动乡村民宿走向成熟，安稳镇政府还与重庆建筑工程职业学院智慧城市设计学院共建“助力乡村产业振兴实践基地”，利用假期邀请师生对崇河村进行实地调研走访，为乡村民宿规划建设、运营接待提供可行性建议，并选择一家民宿进行试点设计，为乡村民宿发展注入青年力量，提供智慧支撑。

图3 红军街（罗文 摄）

## 三、"红色"道路经验谈

### (一)科学策划规划,打造一条红军街

深入挖掘整理一批红色文化资源:组织一支由退休干部、企业职工、农民、教师等组成的义务文化工作队伍,实地考证枫香树邓华驻扎遗址、观音桥战斗遗址等文物遗址14处,挖掘并整理长征故事12个,为推进红色乡村旅游发展奠定坚实基础。精心做好一个策划方案:邀请遵义醉美民族旅游文化研究院及全国著名经济学家、旅游策划大师景亭湖教授,明确"挖掘红色文化精神价值,争创感恩共产党、感恩祖国精神文化品牌"的核心价值定位,为红色乡村旅游开发利用提供规划保障。聚力打造一条独具吸引力的红军街:整合美丽乡村、人居环境整治等资金200余万元,对红军街进行绿化、美化改造和文化氛围提升,成功打造"将军树""红军亭""红军广场"等网红景点,街上挂满五星红旗,唱红色歌曲,村民穿红军服,"枫香树下1935红军街"初具规模。

### (二)注重配套服务,培育一批好产品

抓内涵提品位,打造"文化+"产品。充分挖掘村中的一棵古树、一块石头、一个广场,成功打造"将军树""红军亭""红军广场"等网红景点,在此基础上不断讲故事、做活动,保持景区的"热度"和"曝光度"。抓产业提效益,打造"旅游+"产品。邀请四川旅游学院专家指导,改造提升红军特色餐馆5家,打造鸡、回锅肉、酥肉等特色美食,做强安稳羊肉、崇河辣子鸡等本地特色餐饮品牌,加快推进非遗、传统美食等品牌创建,已发展特色餐饮店8家、农家乐3家、民宿3家,就地就近解决就业200余人,带动全村贫困人口20余户全部脱贫。大力推进农旅融合,规模化种植油菜5000亩、高粱500亩、莲藕100亩,既为发展乡村旅游配景,又促进发展"后备箱经济"。抓配套强管理,打造"服务+"产品。投入300余万元,新安装路灯,建设体育设施,合理设置厕所,加快污水处理、饮水、停车场、河道治理等项目建设,进一步完善基础设施。

### (三)精准宣传营销,做活一个旅游专业合作社

集体资金入股成立崇河村旅游专业合作社,以红军长征路为载体,持续开展"重走长征路"系列活动,接待游客超过3万人,发展壮大村级集体经济。坚持党建引领,选好"领头雁"。大胆选用政治过硬、懂经营、善管理的能人担任村党支部书记,全面推行党支部书记"一肩三挑",每月召开合作社理事会,坚持民主决议,不搞一言堂,坚持把发展村级集体经济作为党支部书记抓基层党建述职评议和党建考核的重要内容,形成层层抓推进、层层抓落实的闭环效应。整合闲散资源,催生"原动力"。瞄准红色旅游的发展契机,充分利用红军长征过綦江羊角的历史和故事,积极响应镇党委、政府号召,摒弃"等、靠、要"思维,变等待上级拨款发展为整合村集体闲散资金、土地、人员等抱团发展。利用集体资金入股成立的旅游专业合作社,接待外来游客,提供餐饮服务、活动组织讲解,按照108元/人次的收费标准获得盈利,当地农户将闲置房屋出租给合作社提供餐饮服务获得分红。形成正面示

范效应，奏响乡村振兴“进行曲”。通过按股分红、固定工资、临工报酬、二次分工等方式真正做到集体经济惠及全体村民。村民按参股比例可以分红，合作社会雇佣有一定技术才能、管理才能的村民参与日常运营，发固定工资；在首次分红后，会留一部分资金用于村基础设施、公益设施建设，让村民可享受二次红利。

**（四）创新基层治理，探索一条致富路**

提升党建引领力。通过“党建引领”“党建示范”“党建服务”，打造“党员经营示范门店”，设立党员志愿岗，常态化开展党员积分制管理，充分发挥基层党组织的战斗堡垒作用。突出群众主体性。将参与接待游客的每家每户都纳入旅游专业合作社管理，统一收储村民闲置房屋及土地，支持发展特色种养殖业、家庭手工业、旅游服务业等多种特色产业，逐步将崇河村打造成为一个“家家有技艺、户户有特长”的特色小村，已落地各类乡村业态20余种，村集体累计实现收入9万余元，通过劳务、旅游接待、土地房屋入股等方式带动村民增收。突出乡贤敬老文化，为入股旅游专业合作社的老年人作为“优先股”分红，在重阳节、端午节等重要节庆开展孝老助老活动，推动形成崇河村良好社会风气。增强社会参与度。与重庆工商大学公共管理学院等单位开展党建共建活动，成立“党员服务乡村振兴实践基地”。与西南大学中国乡村建设学院、西南政法大学新闻传播学院、华龙网、重庆建筑工程职业学院、重庆延安精神研究会等初步达成合作意向，为推进乡村振兴提供理论支持和人才支撑。

# 基于民间传说的日本地域振兴策略研究
## ——以冈山县吉备路桃太郎传说为例

郑国全[1] 毕雪飞[2]
（1浙江农林大学 2浙江财经大学）

【摘要】民间传说常常附带历史、遗迹、文化景观等重要文化资源，有利于一个地方的文化传承。有效地利用民间传说及其相关资源，对于提升乡村文化品位、加强乡村文化自信、助力乡村振兴具有非常重要的价值。本文以日本冈山县吉备路桃太郎传说为例，从传说被创造、政府大力宣传推广、民间团体应用等几个方面分析冈山县利用桃太郎传说进行地域振兴的策略及其过程，为利用民间传说进行乡村振兴提供一些参照。

【关键词】民间传说；地域振兴；冈山县；吉备路；桃太郎传说

## 一、引言

传统文化资源的流失与农民精神文化需求的极度短缺，加之全社会对乡村文化价值认识的偏差，导致目前中国乡村社会文化出现空心化、虚无感，以及缺少与现代文化的对接能力。党的十九大报告对实施乡村振兴战略提出了“产业兴旺、生态宜居、乡风文明、治理有效、生活富裕”的总要求把握，其中，“乡风文明”不是为经济振兴助力的次要方面，而是乡村建设的初心、旗帜和方向。为此，我们应该认真梳理乡村历史和文化的基本价值，把握乡村文化的特点，从乡村的历史、文化发展的基本规律来探索乡村的未来。

中国民间传说相关文化资源非常丰富，目前在通过挖掘民间传说的文化内涵，赋予其新时代文化价值并加以利用方面还有待提升。民间传说文化内涵的利用对提升乡村文化品位，加强乡村文化自信，助力乡村振兴具有重要价值。日本在这一方面经验丰富，值得借鉴。本文以日本冈山县吉备路地区的桃太郎民间传说为例，通过实地调查和文献分析，阐述该地区依托桃太郎传说建设相关文化品牌，进行地域振兴的发展路径，从而为中国发挥民间传说的社会效应，助力乡村振兴提供参照。

## 二、冈山县吉备路地区与桃太郎传说

### （一）冈山县吉备路地区概况

吉备路地区是日本古代吉备国所在地，位于日本中国地方①的冈山县南部，主要包括冈山市西部、总社市、仓敷市三个地域，这里是日本古代山阳干道周边，分布着吉备津神社、国分寺、国分尼寺、古墓、鬼之城等众多的历史文化古迹（参见图1），早在20世纪70年代这里就被指定为吉备路历史文化保护区，由此而成为日本知名的旅游胜地。历史文化保护区的认定，对该地区特色文化的保护与传承也起到了十分重要的作用。

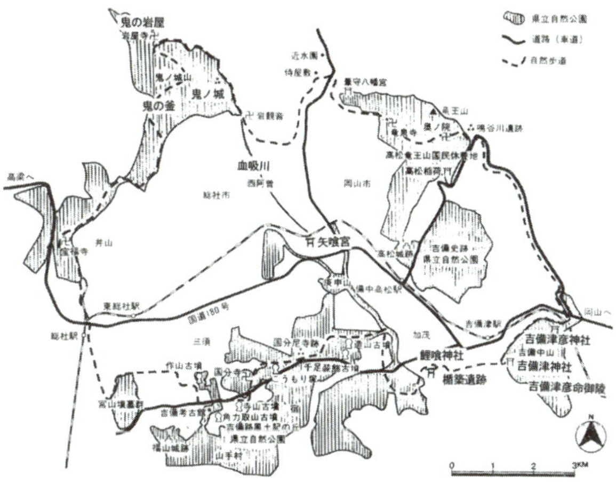


图1　吉备路地区历史文化古迹分布

### （二）吉备路地区的史迹与环境保护

20个世纪60年代，日本经济高速发展，冈山县开始发展以水岛临海工业地带为代表的产业，吉备路地区作为“卧城”被快速开发，丰富的文物与优美的环境面临被破坏的危险。1966年，经济界有识之士成立了“吉备路显彰保存会”，会员包括大企业的董事长、电视台台长、县知事、国会议员、学者等一些具有社会影响力的人，尤其是经济界人士占了很大比例。这也就意味着，提出保护的大多数都是正在进行产业开发的人士，说明开发之初人们已经意识到环境与文化的相关问题。与此同时，冈山县政府也十分重视文物与环境保护，就在“吉备路显彰保存会”成立的同年出台了《县立自然公园条例》，把包括冈山市、总社市、仓敷市三市在内的约2524公顷吉备路地区划定为“吉备史迹县立自然公园”。1970年，吉备路地区作为国家“风土记之丘”备选地被列为建县100周年的重点工程。同年，政府又颁布了《吉备路风土记之丘县立自然公园条例》，对该地区重点保护。正是政府以及有识之士的保护，该地区的文化没有遭受到因产业开发而带来的破坏，很多传说也由此传承下来，桃太郎传说就是其中非常典型的一例。该地区由于丰富的桃太郎传说传承而被称作“桃太郎传说之乡”，渐渐被社会熟知。2018年，吉备路地区作为“桃太郎传说之乡”被认定为日本文化遗产。

① 位于日本本州岛西部，由鸟取县、岛根县、冈山县、广岛县、山口县5个县组成。

### (三)吉备路地区的桃太郎传说

桃太郎传说在日本家喻户晓，是日本代表性的民间故事之一。桃太郎故事形成于日本室町时代(1336—1573年)末期至江户时代(1603—1867年)中期，主要以“赤本(相当于连环画册)”的形式流行于大众庶民之间。故事讲述以“异常诞生”加“征伐鬼岛”二重构造为核心。日本一些研究者认为桃太郎故事的背景为日本战国时代(1467—1615年)与我国明朝、朝鲜的往来，以及倭寇船只在海上兴风作浪，诱发了日本人朝向海洋发展的幻想之梦，再加上中国的桃之“驱邪保长寿”思想、西王母传说以及异常诞生等要素，最终合而为一体，完成了桃太郎故事的最初形态。从桃太郎故事的形成与兴起来看，它是伴随着日本庶民文化兴起而产生的，特别是在庶民文化成熟的江户时代，主要是通过绘本的形式在民众之间传播。[1]桃太郎故事并没有设定固定的历史时代和场所，但是，当它落地成传说之后则具备了在地化的意义。日本共有十多个地方传承着桃太郎传说，其中，冈山县吉备路、爱知县犬山市栗栖和香川县高松市鬼无及其女木岛被誉为桃太郎三大传说地。[2]

在各地争夺桃太郎传说地的博弈之中，冈山桃太郎传说因其关联历史而逐渐获得一定知名度。事件缘起于昭和初期居住在冈山市的一位雕塑家难波金之助，他依据吉备津神社和当地口头传承故事，提出了桃太郎故事的原型是吉备津彦命①战胜温罗②的历史事实。[3]从《古事记》和《日本书纪》中的记载来看，吉备津神社供奉的吉备津彦命并非吉备路地方的人，他的真实身份是天皇为了征服吉备国派出的皇子津(斤)彦命。大林太良认为，吉备津彦命与温罗在战斗中变成动物的母题，应该来自朝鲜半岛北部的扶余与加罗的建国神话，也有可能来自亚洲内陆。[4]温罗居住在吉备地区南部，一说是从中国大陆或朝鲜来的具有制铁技术的渡来人。[4]就“征服”这一行为而言，津彦命与桃太郎征服鬼岛如出一辙，都是侵略行为。与桃太郎故事被改写成桃太郎治鬼正当化一样，[1]为了彰显皇族威严，津彦命征服吉备国也逐渐被正义化，最终被改写为津彦命战胜温罗的故事，津彦命也被命名为吉备津彦命，供奉于吉备津神社。津彦命征服吉备国被改写为津彦命战胜温罗的故事之后，与桃太郎故事被改写的情节几乎一致，二者结合之后转化为桃太郎传说。因此，津彦命战胜温罗的故事被视为桃太郎故事的原型。即吉备津彦命被认同于桃太郎，或桃太郎被等同于吉备津彦命。

“二战”之前，虽然有难波金之助的提倡，冈山吉备路桃太郎传说知名度仍然不及爱知县犬山市栗栖与香川县高松市鬼无及其女木岛两地。1960年以后，冈山开始以桃太郎为地域形象，加之其传说舞台吉备路观光化不断被推进，冈山吉备路桃太郎传说越来越引人注目。1970年以后，随着日本经济的快速发展，旅游业也极速增长，吉备路地区的桃太郎传说不断被再生产，被黏附于系列的历史与自然文化景观之中，使得吉备路地区形成了迥然不同于其他地区的个性文化特征，从而在地域振兴之中发挥了极其重要的社会效应而收到极大的成效。2019年1月笔者在该地区进行田野作业时，记录了该地区桃太郎传说相关的历史遗迹与文化景观，了解到该地区充分利用吉备津彦命历史史实

① 吉备津彦命为日本第七代天皇孝灵天皇之子。(日本第七代天皇属于神话时期中的天皇，因此，吉备津彦命应属于神话时期的人物。笔者注)『日本書紀』卷四、全文検索 https://miko.org/~uraki/kuon/furu/text/syoki/syoki04.htm.

② 温罗(日语发音为”うら”)为鬼的名字，历史上相传居住在冈山南部总社市奥坂黑尾地区。

（实际是神话）与桃太郎传说相结合的文化资源来促进该地区发展的状况。（参见表1）

表1 吉备路地区桃太郎传说相关的历史遗迹与文化景观

| 名称 | 所在地 | 主要内容 |
|---|---|---|
| 吉备津神社 | 冈山市吉备津 | 备中地区祭祀吉备津彦命的神社，建于室町时代，属于“比翼入母屋造”的国宝建筑。1952年被认定为国宝，1980年被认定为国家文物保护单位。 |
| 吉备津彦神社 | 冈山市一宫 | 备前地区祭祀吉备津彦命神社。 |
| 中山茶臼山古墓 | 冈山市吉备津 | 位于吉备中山地区，周长约140米，前圆后方，相传为吉备津彦命的墓地，建于公元四世纪后期（日本古坟时期），现由宫内厅管理。 |
| 鬼之城 | 总社市奥坂黑尾 | 相传为温罗居住的古城。建筑在标高397米的鬼城山上，城墙周长2.8千米，城内面积30公顷，1986年被认定为国家历史古迹，2000—2011年，总社市对古城内部构造、西门、角楼和城墙进行了复原修整。 |
| 食矢宫 | 冈山市高冢 | 相传为吉备津彦命和温罗互相射出的箭在空中相撞落下的地方。为纪念修建了神社，此处还有传说是温罗投下的巨石。 |
| 食鲤神社 | 仓敷市矢部 | 温罗变成鲤鱼想逃跑，吉备津彦命变成鸬鹚捉住温罗的地方。 |
| 盾筑遗迹 | 仓敷市矢部 | 弥生时代后期建造的古墓，周长80米，是现存弥生时代最大的古墓，1981年被认定为国家历史遗迹，古墓上有五块巨石，传说是吉备津彦命与温罗战斗时使用的盾牌。 |
| 鬼岩屋 | 总社市岩屋 | 位于鬼之城北面1千米左右的岩石上巨大洞穴，也叫鬼差岩，相传为温罗居住的地方。 |
| 鬼釜 | 总社市新山 | 位于鬼之城登山道路边，是一个直径185厘米的大铁锅，相传为温罗使用。实际上是镰仓时代制作，东大寺再建时，逗留于鬼之城附近新山寺僧人重源烧水用铁锅，1964年被指定为总社市重要文物。 |
| 血吸川 | 总社市、冈山市 | 源于鬼城山，流经冈山市高冢，全长4.8千米，相传为被吉备津彦命重伤温罗流血形成的河流。 |

从调查的吉备路地区历史遗迹与文化景观来看，均围绕吉备津彦命与温罗展开，其叙事以吉备津彦命战胜温罗为核心。由此，我们相信蕴含了历史信息的桃太郎传说，其讲述效果倍增，自然也就成为独特的文化资源，从而成为冈山县具有代表性的文化遗产观光之所——吉备路上的亮点。

## 三、桃太郎传说与冈山县吉备路地域振兴

### （一）政府在地域振兴中对桃太郎传说的利用

自20世纪60年代开始，冈山政府逐步加强对桃太郎传说的宣传力度，使其在地域振兴中发挥了最大的作用。至2018年吉备路地区被指定为“桃太郎传说之乡”，桃太郎作为冈山县的象征早已被社会普遍认知并深入人心。这一点可以从冈山政府大力宣传桃太郎传说文化资源中了解（参见表2）。

表2　冈山政府宣传桃太郎传说大事记

| 时间 | 主要组织者 | 利用事件 | 主要内容 |
| --- | --- | --- | --- |
| 1960年 | 冈山县知事三木行治 | 桃太郎雕塑 | 日本第17届全运会在冈山县召开，作为当时新时代象征的桃太郎雕塑设置在冈山火车站广场。 |
| 1960年 | 冈山市政府 | 桃太郎旅游宣传队 | 冈山市组建桃太郎宣传队，向日本主要城市派遣队员，进行旅游宣传。 |
| 1972年 | 冈山县政府 | 桃太郎旅游团 | 伴随山阳新干线开通，冈山市组织桃太郎旅游团，到东京进行宣传。 |
| 1976年 | 山阳报社 | 桃太郎节 | 1960年开始的春季冈山节改为桃太郎节。 |
| 1978年 | 冈山市旅游协会 | 桃太郎会徽 | 把桃太郎图案作为旅游协会会徽。 |
| 1983年 | 冈山县旅游联盟 | 桃太郎会徽 | 把桃太郎图案作为旅游协会会徽。 |
| 1984年 | 冈山市政府 | 桃太郎大道 | 把站前大道改为桃太郎大道，依照桃太郎故事情节内容，设置了20多座桃太郎、犬、猴子、雉鸡的雕塑。 |
| 1988年 | 冈山县政府 | 桃太郎吉祥物 | 为庆祝濑户大桥开通举行博览会，把手冢治虫绘制的桃太郎作为吉祥物，建设桃太郎科学馆、桃太郎冒险馆等展示馆，拍摄电影 *Momotaro Forever*。 |
| 1989年 | 冈山市政府 | 水边的桃太郎<br>桃太郎童话时钟 | 为庆祝建市100周年，在后乐园南面的旭川岸边设立水边桃太郎雕像，在冈山站西广场设置桃太郎童话时钟。 |
| 1990年 | 市政管理 | 桃太郎标志 | 下水道窨井盖与消火栓等都使用了桃太郎图案标示。 |
| 2000年 | 民间组织 | 桃太郎命名 | 公共设施、幼儿园、学校、宾馆、餐饮店、温泉、律师事务所、养老院、志愿者团体等都以桃太郎命名。 |
| 2005年 | 冈山县政府 | 桃太郎吉祥物 | 日本第50届全运会冈山大会的吉祥物为卡通桃太郎，命名为「もおっち」。 |
| 2018年 | 日本政府 | 桃太郎传说的故乡 | 吉备路地区作为“桃太郎传说的故乡”被认定为日本文化遗产。 |

注：以上表格根据实地调查和文献整理形成。

图2　冈山车站广场的桃太郎雕塑（1960）

图3　水边的桃太郎（1988）

冈山政府除了围绕桃太郎传说在节庆大事前后进行宣传外，还出台与实施了相关政策、法律法规。大体可归纳为几下几点。

第一，立法规划推广。冈山县在1960年前后开始认识到桃太郎传说对地域振兴的重要价值，因此，依据国家对文化遗产的保护等相关法律，制定了《吉备路风土记之丘县立自然公园条例》，通过立法形式保护桃太郎传说传承地吉备路地区的历史遗迹和自然文化风貌。1979年，冈山政府在《冈山县旅游发展总体规划》中又指出，桃太郎传说作为串联鬼之城、血吸川、吉备津神社、矢食宫、食鲤神社等自然和人文景观的线索，是重要的“物语性”的人文旅游资源。同时，在很多的旅游指南中频繁地把冈山作为“桃太郎的故乡”“日本人的乡愁故乡”等文化资源加以引用。

第二，节庆活动推广。无论是地方政府还是县知事，在有重大活动时都把桃太郎作为主推冈山县形象的重要象征进行重点推广。诸如在冈山县举办的两次全运会、濑户大桥开通博览会的吉祥物都确定为桃太郎。政府通过相关立法保护吉备路地区的文化遗产和桃太郎传说，建设吉备路自然公园，成功申报“吉备路桃太郎传说”国家文化遗产。

第三，市政方法推广。冈山县为了宣传桃太郎这一冈山形象，利用各种市政方法推动，使桃太郎形象深入人心。冈山县旅游局为了宣传冈山旅游产业，1960年以来多次组建桃太郎旅游宣传队和桃太郎旅游团推广旅游宣传。冈山县市政部门甚至把自来水和污水的窨井盖、消防栓都加上了桃太郎图案标志，桃太郎大道也设置了与桃太郎传说相关的雕塑20多座。这些策略，大大提高了吉备路地区在全国的影响力，为打造“日本人的乡愁故乡”这一旅游目的地形象奠定了良好基础，实现了吉备路地区的经济、社会和文化振兴。

图4 带有桃太郎图案的消防栓

图5 带有桃太郎图案的下水道井盖

**（二）民间组织对桃太郎传说的运用**

民间组织对桃太郎传说的运用更多体现在商业上，大多都用桃太郎为工商业团体命名或者作为商标上的标志。

第一，旅游业运用。为了进行旅游形象宣传，冈山县旅游联盟和冈山市旅游协会都把会徽改为桃太郎，强化桃太郎旅游形象宣传。在吉备路地区开辟了连接冈山市区、吉备津神社、食鲤神社等经典的桃太郎旅游线路。吉备路的旅游宣传指南中也加入了与桃太郎传说相关的吉备津彦命和温罗的故事。运用桃太郎故事编导了「うらじゃ」舞蹈，在每年夏季节日时巡演。1960年开始的冈山春季节庆在1976年改为桃太郎欢乐节庆，持续至今。

图6　冈山县观光协会使用的桃太郎标志

图7　“桃太郎的故乡冈山”标志

第二、产业运用。随着桃太郎社会知名度的提升，桃太郎传说在农业、工业、服务等行业得到了更加广泛的运用。比如桃子、葡萄等农产品以桃太郎图案作为商标，特别是桃子，因为桃太郎传说之地，提升了冈山地区特产桃子的知名度。与桃子相关的产品也同样获得了知名度。食品行业还出现了桃太郎商标的吉备团子[①]等点心类商品，商店、车站以及景区都有这种点心售卖。服务行业出现了桃太郎幼儿园、桃太郎律师事务所、桃太郎宾馆、桃太郎养老院等命名的设施，让人感觉桃太郎无处不在。原来的冈山车站站前商店街也改名为桃太郎商店街，让旅客一下车就能感受到桃太郎的存在。

## 四、基于民间传说的地域振兴启示

冈山县将桃太郎传说作为典型的传统文化加以再创造，以推动地域振兴，取得了丰硕的成果。首先，通过桃太郎传说确立了冈山县的地域特性，并且形成了日本人心中的故乡这一形象，大大提升了社会影响力和知名度。其次，日本政府认定冈山为桃太郎传说的故乡，在很大程度上提高了冈山作为旅游目的地的层次，吸引了大量旅游者，大大推动了地方经济发展。最后，桃太郎地域形象的打造已经深入冈山县民众的心中，增强了当地人民的自豪感和凝聚力。中国拥有丰富的民间传说和故事，如何借鉴日本冈山县经验，通过民间传说和故事推动乡村振兴，不失为一条值得思考的途径。

① 吉备团子在近代就已经是冈山的名产。桃太郎征服鬼岛途中带的粮食“黍团子”中的“黍”与“吉備团子”中的“吉備”发音相同，一说“黍团子”就是“吉備团子”。中日甲午战争、日俄战争结束后，士兵们“凯旋”回归故乡，从那时起“吉備团子”就在全国有了很大的知名度。

### (一)挖掘文化资源

桃太郎传说能够成为日本文化遗产，与文化人类学、民俗学、历史学、社会学等相关学科学者的研究密不可分。只有学者在相关领域进行深入研究，充分论证桃太郎传说与吉备津彦历史的吻合度，才能为“冈山县是桃太郎传说的故乡”申报文化遗产奠定“真正性”的基础。中国民间传说资源非常丰富，很多地方也在争夺一些民间传说故乡，以提高当地知名度，但是在深入研究方面还有很长的路要走，为此，民俗学者应该有更大的历史责任和使命。

### (二)政府制定相关政策

在把桃太郎打造为冈山县形象的过程中，政府始终起着决定性作用。具体包括政府颁布相关条例对吉备路地区的历史文化遗产进行保护，建立吉备路文化与自然公园，为桃太郎传说落地化创造了先决条件。同时在《冈山县旅游发展总体规划》中，确立了桃太郎传说作为重要的“物语性”文化旅游资源的地位，包括在旅游形象打造、重要节庆活动、市政工程建设等方面都把“桃太郎”作为重要的地域形象，创建了桃太郎传说故乡的氛围。中国很多地方也在挖掘诸如梁祝等民间故事和历史传说的故乡，但是政府在政策和规划制定等方面还存在不足，应该借鉴日本冈山经验，制定具有战略性的、长远的政策和规划。

### (三)民间组织积极响应

在把冈山打造为桃太郎传说故乡的过程中，民间组织发挥了重要作用。诸如在经济大开发时期，很多有识之士组织成立了“吉备路显彰保存会”，这对于推动吉备路历史文化和自然环境的保护起到了十分重要的作用。民间旅游协会等积极响应政府的政策，把桃太郎作为旅游宣传和营销的重要标志使用，大大提升了冈山县桃太郎在全国的影响力。农工商组织在文化创意方面，挖掘桃太郎文化内涵，从百姓生活的方方面面营造桃太郎就在身边的氛围，推动了桃太郎文化在民众意识领域的深入。中国在利用民间传说进行乡村振兴过程中，应该借鉴冈山经验，充分发挥社会各阶层力量，从社会各个层面推进民间传说落地发展。

（注：文中照片均由笔者于2018年1月16—17日在日本冈山县调查时拍摄）

**参考文献：**

[1]毕雪飞.民间叙事与国家在场——日本桃太郎故事研究[J].外国文学研究，2017(5)：156-164.

[2]斎藤純:「童話見物の誕生—桃太郎伝説の成立に見る口承文芸の観光化について」,『旅の文化研究所研究報告』第6号，1998年，37-56頁。

[3]加原奈穂子.「伝説のふるさと」の創造—岡山県の「吉備路」と桃太郎伝説[J].早稲田商学，2011(3)：485-515.

[4]大林太良:「古代吉備の伝説」，山陽新聞社編『古代吉備国論争(上)』岡山山陽新聞社，1979年，110-129頁。

[5]孫嘉寧:「桃太郎昔話・温羅伝説と鳴釜神事から見る地域の「歴史の語り直し」」日本文化人類学会第52回研究大会発表要旨、弘前大学にて、2018.06.02-03。

# 巴盐古道概念与盐路文化研究框架的界定①

刘建平[1] 文艳芳[2] 罗涌[3]

(1重庆石柱县民族文化研究所 2石柱县大歇中学 3石柱县人民检察院)

【摘要】巴盐古道概念的提出经历了微观到中观到宏观的过程,最早的巴盐古道定义是从西沱古镇到里耶古镇的盐大路,这是微观上的。中观定义是从川江古镇到武陵山区的武陵民族走廊上的陆上盐路网络。巴盐古道的宏观定义是从巴人地域的陆路扩大到东、西、南、北四面八方的水陆路网。对应巴盐古道的微观、中观和宏观概念,盐路文化的研究框架不同;但都可围绕"盐""人""镇""线""文"的研究思路开展,从而对巴盐古道文化进行全面而深入的挖掘与弘扬。

【关键词】巴人;巴盐古道;盐路文化;研究框架

巴盐古道概念的界定是一个发展变化的过程,有微观、中观与宏观,局部与整体的界定。不同的概念界定,势必影响盐路文化研究的对象。本文主要就巴盐古道概念与盐路文化的研究框架进行初步界定。

## 一、巴盐古道概念界定

### 1.狭义的巴盐古道概念

巴盐古道的定义最早始于2005年。重庆市石柱土家族自治县文化研究者受平行皴画作《巴国盐道》、电视剧《茶马古道》,以及《石柱县志》关于盐大路的记载等文化材料的启示,结合渝东南石柱存在的千年盐运古道,而提出了"巴盐古道"这一词汇;并定义巴盐古道为:当地自春秋战国时期的古代巴国以来,一直持续到明清和民国时期,力夫背负锅巴盐,自石柱西沱出发,翻越方斗山、七曜山、武陵山,经过鄂西利川、咸丰、来凤,穿越龙河、清江、郁江、酉水等流域,到达湘西龙山里耶古镇的千里盐道。

### 2. 巴盐古道的中观概念

笔者2020年度的研究报告材料《巴盐古道白虎山——城乡融合发展的脱贫之路》中对巴盐古道

① 本文为基金项目四川省教育厅人文社会科学重点研究基地——中国盐文化研究中心项目"巴盐古道:武陵民族走廊盐路文化发掘与保护研究(YWHY20-03)"的阶段性成果。

的表述，与上述微观概念有所不同，可谓一个中观概念，具体如下。

巴盐古道是世界上最古老的线路遗产之一。三峡库区中坝遗址五千年不间断的文明史，再现了巴人盐文化的灿烂，源于甘井、涂井，途经重庆西沱古镇—黄水公园—鄂西利川—湘西里耶古镇的千里古盐道，历代上演着武陵山区各族人民的不朽传奇。

巴盐古道是古代巴人开创，一直延续到近现代，人们依托川江丰富的盐泉，熬制成锅巴盐，自渝东、鄂西到湘西，力夫们披荆斩棘、披星戴月、跋山涉水、一步一杵，把生活必需的盐巴运输到武陵山区的一条陆路生命线。从中国历史文化名镇西沱到龙山的巴盐古道，其历史不亚于丝绸之路，其繁华堪比茶马古道，为中国著名的五大古道之一。

巴盐古道其实是一个经过川江系列码头盐镇到武陵山区众多场镇的道路网络。除了西沱古镇到里耶古镇的主干道，还有巫山—恩施—宜昌古道，云阳—利川—永顺古道，忠州—桥头—咸丰—来凤古道，杨渡—流水—石柱—黄鹤—咸丰古道，高镇—横梁—三星—大风门—黔江古道，丰都—暨龙—都督—彭水郁山古道等。

3. 广义的巴盐古道

2021年上半年，围绕“巴盐古道：武陵民族走廊盐路文化发掘与保护研究”“武陵山区脱贫攻坚成效与乡村振兴开局衔接”等课题，课题研究者利用周末时间对武陵民族走廊的黔江、湘西州、张家界、鄂西和三峡库区的涪陵—万州—巫溪—巴东段进行了实地考察，对巴盐古道概念又有了新的认识，认为巴盐古道除了西沱到里耶古镇的盐大路，除了库区盐镇到武陵山区的几条古道以外，还包括川江地区长江及其部分支流的盐运水路，也是巴盐古道的重要路径。

巴盐古道，广义地讲，包括以川江地区为主的古代巴国地域，以及其所辐射的周边四通八达的水运通道、陆运通道。水运通道主要是川江，还包括能通行大小船只的川江支流，以及川江周边山区，与巴盐开采和运输相关的郁江、清江、溇水等长江流域其他支流。

川江是巴盐运输最重要的水上通道。路径包括川江段船行的河道，纤夫拉纤行走的沙滩、石滩和峡谷栈道，力夫转运盐巴的江边小路、峡谷栈道等。但是川江到了夔门、巫峡和西陵峡一带，水势十分汹涌，浪打船翻频繁，峡壁栈道险峻，纤夫命悬一线，所以巴盐在下川江水上的运输代价和成本极高，于是开凿巴盐古道、翻山越岭运输巴盐等物资绕行三峡地区，成为古人的选择。

陆运通道既有巴渝区域内部为主的运输盐巴及其他物资的陆路通道，又有巴渝地区与周边以巴盐运输为主，以及进行政治、经济、军事和文化交往交流的通道，包括渝鄂古盐道、渝湘古盐道、渝黔古盐道、渝滇古盐道、渝西古盐道、渝陕古盐道等，从而形成了自盐井地、盐运码头古镇或城市往周边运输扩散的巴盐古道陆路网。

巴盐古道陆路通道的起点可能是盐泉开采的制盐地，如涂井、甘井、郁山、宁厂等盐井；也可能是川江沿线或其他江河支流中的系列因转运盐巴而兴盛的商业古镇水码头，如西沱古镇、大昌古镇等。还有就是川江沿线或武陵山区的县、州、市等区域性的政治经济文化中心城市，如重庆、忠州、万州、夔州、恩施等城市。

可见,“巴盐古道陆路研究”是一个水路大通道大网络大课题。下面,在概念的基础上进行拓展,开展对某条盐大路的研究;或选择下川江从乌江入江口的涪陵经丰都、忠州、万州、云阳、夔州到巫山段的川江盐镇为起点,翻越方斗山、七曜山,到鄂西、湘西段这个区域的巴盐古道陆路进行中观研究;再进行宏观的大网络大课题的研究。

## 二、盐路文化研究框架

对应巴盐古道的微观、中观和宏观概念,盐路文化的研究框架不一。但是,都可围绕“盐”“人”“镇”“线”“文”的研究思路进行。

### 1.基本骨架

巴盐古道之“盐”:就是对盐泉和井盐开采的研究。“人”就是对古道沿线族群、背夫和盐商的研究。“镇”就是对盐开采和盐巴运输聚集的古镇等各重要的点的研究。“线”就是对巴盐古道线路、武陵民族走廊山川河谷线路,以及路网的研究。“文”就是对盐路文化遗产、历史遗迹,包括与盐文化相关的盐路非物质文化遗产的发掘与保护方案的建议性研究。

### 2.框架设计

盐路文化研究以历史为经、以民族文化为纬交织研究。本文设计了一个基本框架,应该包括以下部分:一是绪论,进行概述;二是远古三峡——流淌的盐泉,研究三峡地区的古盐井遗址和文化遗迹;三是龙腾虎跃——巴人的迁徙,研究土家先祖巴人及其走廊迁徙的史迹;四是盐路场镇——西沱到里耶(或三峡古镇),研究武陵民族走廊的重要盐镇及其村镇文化;五是巴盐古道及其路网,研究古道的水路、陆路和路网;六、盐路传奇——土司的繁华,研究土司时期武陵民族走廊各大土司及其盐文化;七是血染古道——盐路的英雄,对盐路历史英雄和红色文化及史实进行研究;八是盐路走廊——最后的绝唱,研究盐道走廊的民族非遗文化及古道变迁发展之新路、复兴之路;九是余论,进行结语式的概括总结,并提出巴盐古道武陵民族走廊盐路文化发掘与保护的相关建议。

总之,厘清巴盐古道三个层面的概念以后,开展巴盐古道的文化研究的思路就更加明确、清晰。微观研究有利于深入发掘文化,为中观和宏观研究做铺垫。注重宏观研究有利于开阔视野和全面实施,促进巴盐古道文化多样性和区域化、全域化研究,能反过来促进和深化微观、中观研究。

**参考文献:**

[1]李绍明.川东酉水土家[M].成都:成都出版社,1993.

[2]潘乃穆,潘乃和.潘光旦文集(第七卷)[M].北京:北京大学出版社,2000.

[3]李良品,等.重庆民族文化研究[M].重庆:重庆出版社,2010.

[4]石柱县志编纂委员会.石柱县志[M].成都:四川辞书出版社,1994.

[5]忠县志编纂委员会.忠县志[M].成都:四川辞书出版社,1994.

[6]刘建平,秦成德.龙河的记忆[M].重庆:重庆出版社,2014.

[7]陆邹,杨亭."巴盐古道"在"国家化"进程中的历史地位[J].成都大学学报(社会科学版),2014(5):56-63.

[8]满黎,杨亭.巴盐古道名称考辨[J].重庆文理学院学报(社会科学版),2014(11):141-144.

[9]黄柏权.费孝通先生与"武陵民族走廊"研究[J].中南民族大学学报(人文社会科学版),2010(4):12-17.

[10]李绍明.论武陵民族区与民族走廊研究[J].湖北民族学院学报(哲学社会科学版),2007(3):1-3.

[11]黄柏权.武陵民族走廊及其主要通道[J].三峡大学学报(人文社会科学版),2007(6):16-21.

[12]李星星.再论民族走廊:兼谈"巫山—武陵走廊"[J].广西民族大学学报(哲学社会科学版),2013(2):16-25.

# 后疫情时期重庆文旅企业发展趋势研究

程翾霓　刘颖　熊婉彤

（西南大学国家治理学院）

【摘要】新冠肺炎疫情对重庆文旅企业生产经营、资金流动、还贷融资、转型发展等方面产生了巨大影响。为助力重庆文旅市场复苏，推动重庆文旅行业在后疫情时期健康发展，需要在深入剖析重庆文旅企业受疫情影响情况的基础上，树立共治理念，做好文旅产业应急管理体系顶层设计，坚持精准施策，探索跨界融合路径，持续激发市场活力，培育文旅产业新业态。

【关键词】疫情；重庆文旅企业；发展趋势；精准施策

自2020年初起，新冠肺炎疫情肆虐全球已达一年多之久，随着国内疫情防控的常态化，国内经济逐渐恢复。然而，疫情所带来的深远影响使各行各业仍面临诸多困难与严峻挑战。重庆文旅企业在政府的大力扶持下已实现复工复产，但其健康发展仍受到一定影响。为深入了解新冠肺炎疫情对重庆文旅企业的影响程度，准确掌握后疫情时期重庆文旅企业的具体困难与诉求，切实做好重庆市文旅产业恢复发展工作，本课题组受中共重庆市委宣传部、重庆市文化和旅游发展委员会委托，在全市范围内开展了一次新冠肺炎疫情对重庆文旅企业影响的调查工作。本文旨在通过问卷调查和深度访谈的方式深入了解新冠肺炎疫情对重庆文旅企业的影响程度，从而有针对性地提出后疫情时期重庆文旅企业发展的对策、建议。

## 一、新冠肺炎疫情对重庆文旅企业的影响

课题组对重庆市38个区县的13410家文旅企业进行分层随机抽样，选择了1537个调研样本，涉及文化和旅游产业共计13个门类。随后采用网络问卷调查和深度访谈的方式展开调研，最终共计回收有效调研问卷1287份，问卷回收率为83.8%。从调研情况看，重庆文旅企业整体呈现如下特征：一是重庆文旅企业主要集中在主城都市区中心城区，总计占比48.25%；二是文化娱乐休闲服务和旅行社门类占比较高，分别为32.17%和22.46%；三是重庆文旅企业以中小微企业为主，规模以上文旅企业占比较小（21.83%），50人及以下规模占调研总数的83.99%；四是市级以上园区型企业较少，占

调研总数的14.45%；五是重庆文旅企业规模化发展程度不足，近半数(48.33%)的重庆文旅企业的营收规模在100万元以下，八成以上(83.76%)重庆文旅企业利润在100万元以下；六是私营/民营企业是重庆文旅企业的主力军，占重庆文旅企业总数的82.13%。

针对新冠肺炎疫情对重庆文旅企业的影响，课题组主要从营收状况、整体影响程度、困难及应对措施四个维度进行了调研。具体情况如下。

### (一)营收下滑现象较为突出，文旅产业损失较为严重

#### 1. 文旅企业普遍呈亏损状态

调研结果显示(见图1)，有近95%的重庆文旅企业营收同比呈下降趋势，部分文旅企业营业收入遭遇断崖式下滑，其中仅有66家(5.13%)文旅企业表示没有亏损。其中亏损额度在50万元以下的企业最多，共计594家，占比46.15%。

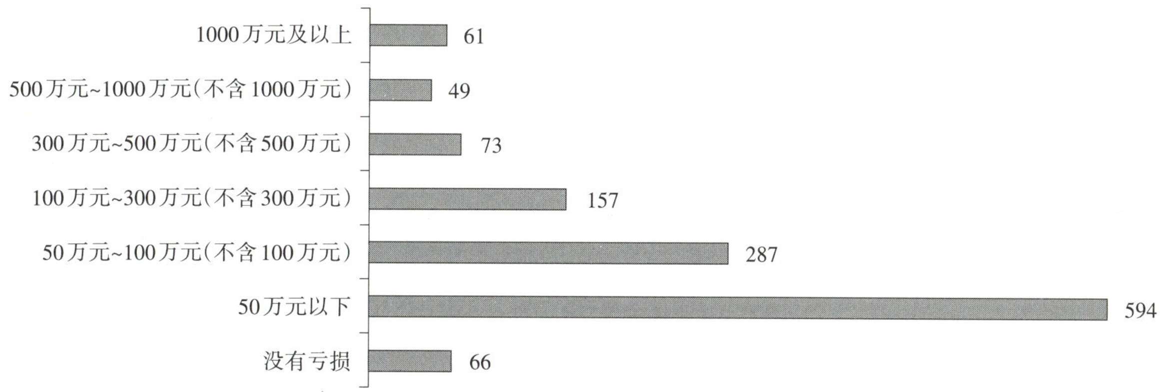


图1　2020年上半年重庆文旅企业营收亏损状况

进一步分析得出，营收亏损较为严重的主要是文化传播渠道、文化娱乐休闲服务类文化企业以及A级景区和旅行社，具体亏损情况及占该门类总数的比例如表1所示。

表1　2020年上半年各门类营收亏损状况

| 营收亏损(万元)<br>门类(家) | 没有亏损 | 50万元以下 | 50万元~100万元(不含100万元) | 100万元~300万元(不含300万元) | 300万元~500万元(不含500万元) | 500万元~1000万元(不含1000万元) | 1000万元及以上 |
|---|---|---|---|---|---|---|---|
| 文化传播渠道 | 3<br>(2.56%) | 9<br>(7.69%) | 26<br>(22.22%) | 40<br>(34.19%) | 17<br>(14.53%) | 12<br>(10.26%) | 10<br>(8.55%) |
| 文化娱乐休闲服务 | 6<br>(1.45%) | 271<br>(65.46%) | 103<br>(24.88%) | 24<br>(5.80%) | 5<br>(1.21%) | 2<br>(0.48%) | 3<br>(0.72%) |
| A级景区 | 5<br>(5.88%) | 14<br>(16.47%) | 13<br>(15.29%) | 18<br>(21.18%) | 12<br>(14.12%) | 9<br>(10.59%) | 14(16.47%) |
| 旅行社 | 9<br>(3.11%) | 136<br>(47.06%) | 67<br>(23.18%) | 28<br>(9.69%) | 19<br>(6.57%) | 13<br>(4.50%) | 17<br>(5.88%) |

**2. 同比营收、利润下降严重，且多为私营/民营企业**

从营收来看（见图2），2020年上半年营收同比下降100%以上的企业达352家（27.35%），主要以文化传播、文化娱乐休闲服务型企业和旅行社为主。除此之外，营收同比下降81%~100%的文旅企业有273家（21.21%），51%~80%的有291家（22.61%），31%~50%的有175家（13.60%），同比保持平衡的文旅企业有27家（2.1%）。另外，调查发现有4家（0.31%）企业营收不降反升，其中3家属于文化辅助生产和中介服务门类中的印刷复制服务企业，还有1家是内容创作生产型企业。通过进一步分析可知，这4家企业营收不降反升的主要原因在于规模大、成立时间长、企业现金储备较为充足，因而未受到疫情的明显影响。另外，还有85家（6.6%）企业无法确定其间的营收下降率。

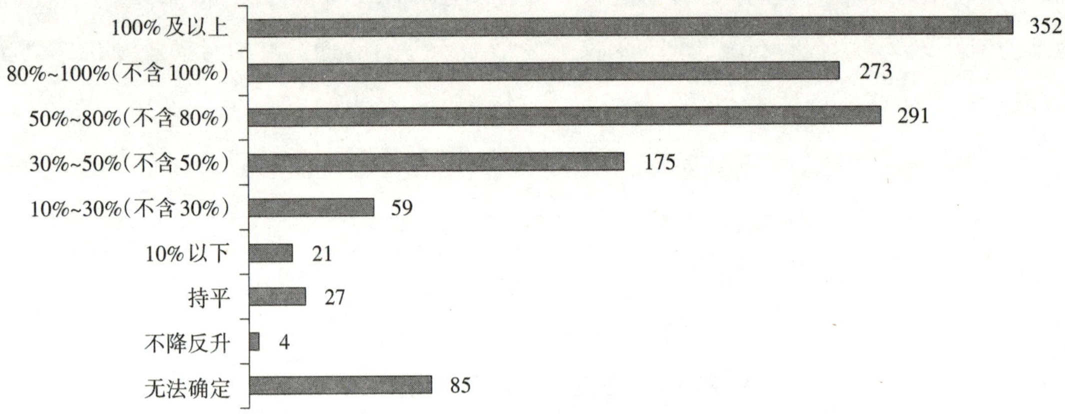


图2　2020年上半年重庆文旅企业营收同比下降情况

利润方面（见图3），2020年上半年企业利润下降100%以上的文旅企业达464家，占受访企业的36.05%，主要以文化传播类企业和旅行社为主。利润下降率为31%~100%的文旅企业总计602家，其中私营/民营企业占比超过80%，受损较为严重。除此之外，调研企业中利润同比保持平衡的文旅企业有29家（2.25%），不降反升的有6家（0.47%），另有91家（7.07%）的文旅企业无法确定其间的利润下降率。

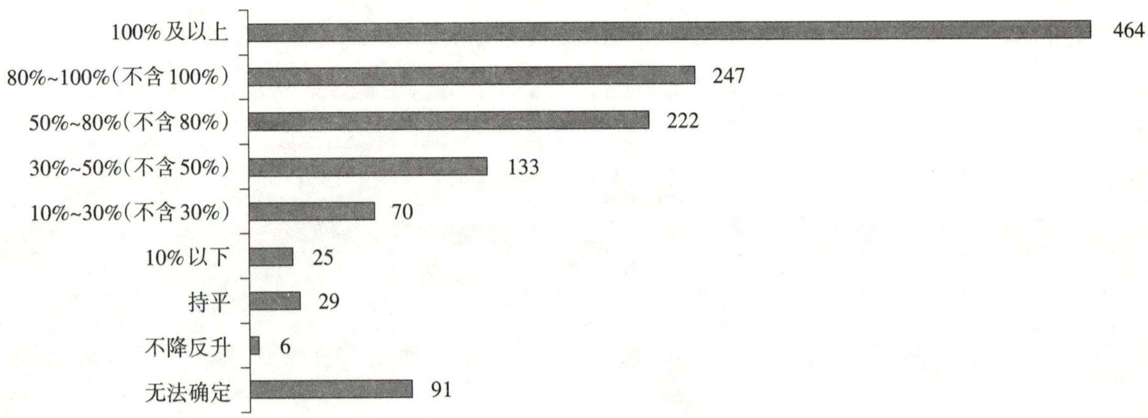


图3　2020年上半年重庆文旅企业利润同比下降情况

### (二)整体影响严重,部分企业面临倒闭

突如其来的新冠肺炎疫情给重庆市文旅企业带来了沉重的打击,尤其是对那些主要依靠人员聚集的传统消费类文化行业冲击巨大,如电影、旅游、演出、节庆会展等。据统计(见图4),调研企业中有近90%的企业受疫情影响较大,其中有620家文旅企业经营出现部分困难,但能勉强维持,占比48.17%。认为"影响很大,经营暂时停顿"的企业有191家,占比14.84%,主要为文化娱乐休闲服务、文化传播类企业和旅行社,这三大类型行业因线下人群聚集消费经营受阻和市场不确定性等因素遭遇了巨大的冲击。如北京某旅游有限公司重庆分公司在2019年位列入境游接待前10位,但受疫情影响,入境市场完全停滞。此外,还有347家文旅企业面临倒闭风险,占比26.96%,经分析,这类企业主要包括旅行社(103家)、文化传播(55家)、文化娱乐休闲(104家)、星级饭店(7家)、A级景区(6家)以及其他。可见,重庆文旅企业受疫情影响大,且影响程度严重,面临倒闭风险的文旅企业不在少数,迫切需要政府与社会的高度重视。

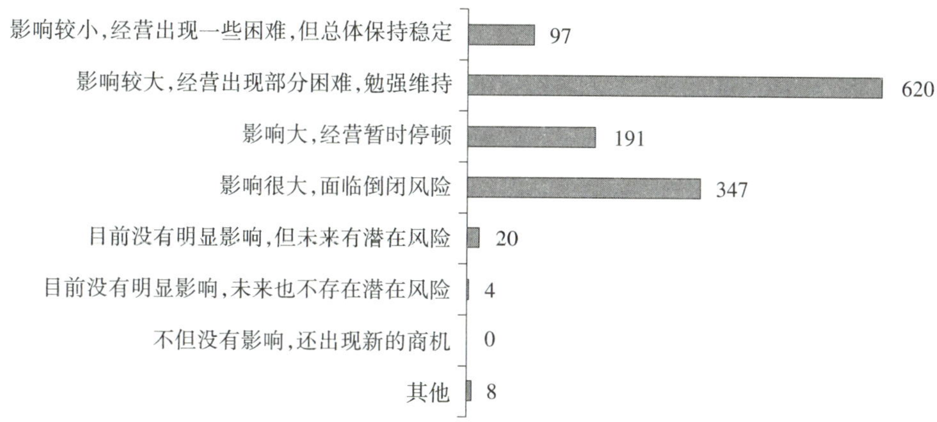


图4 重庆文旅企业受疫情影响程度

### (三)面临的主要困难

#### 1.流动资金紧缺、房租税费支出庞大和市场订单减少是主要困难

如图5所示,在此次调查中,有近6成(58.12%)的企业表示无储备流动现金,现金流支撑时间不足3个月的文旅企业超过60%,其中不超过1个月的企业有424家(32.94%)。在企业面临的主要困难中(见图6),选择最多的也是"流动资金紧张"这一选项(64.8%),紧跟其后的是缴纳税费、房租压力大(63.64%),市场订单减少导致营收下降(54.47%)。巫山县某儿童乐园表示因疫情暂缓营业,企业经营状况十分艰难,疫情期间的水电费、物业费、广告位租赁费、租金及电梯使用费等都需要按时缴纳,员工工资也需要照常发放,企业已无足够的流动现金满足以上支出。

#### 2.债务偿还难度大、经营成本提高及人员流失成为重点关注问题

513家(39.86%)企业由于现金流缺乏导致还贷压力增大,459家(35.66%)企业表示人力、物流等运营成本提高,343家(26.65%)企业面临人员流失带来的经营困难,这些问题阻碍了企业的正常经

营。如重庆某包装股份有限公司负责人表示疫情期间原材料连续涨价、客户对产品需求量下降、银行抽贷断贷、员工工资发放以及社保缴纳等资金压力使企业资金链断裂。重庆某大酒店因受疫情影响,收入直线下滑,资金严重短缺,无法偿还银行贷款和高额利息,存在停业风险。重庆某旅行社有限公司负责人谈到因旅游行业发展停滞,企业已难以维持经营,严重欠薪导致失业率飙升,这对本就已面临诸多困难的企业再添阻碍。

3.融资难、经营项目亏损及订单合同难以履行,经营难度加大

在调研过程中,有246家(19.11%)文旅企业表示融资难度增大,206家(16.01%)文旅企业因已有订单合同无法按时完成导致产业链上下游逐渐断裂而产生亏损。另有179家(13.91%)企业表示项目投资亏损加大了企业的经营难度。

4.其他困难

除此之外,部分企业表示因受疫情影响,企业对外文化交流与贸易减少(5.28%)、园区改造项目延迟(2.1%)等其他问题都对企业造成了不同程度的困难。

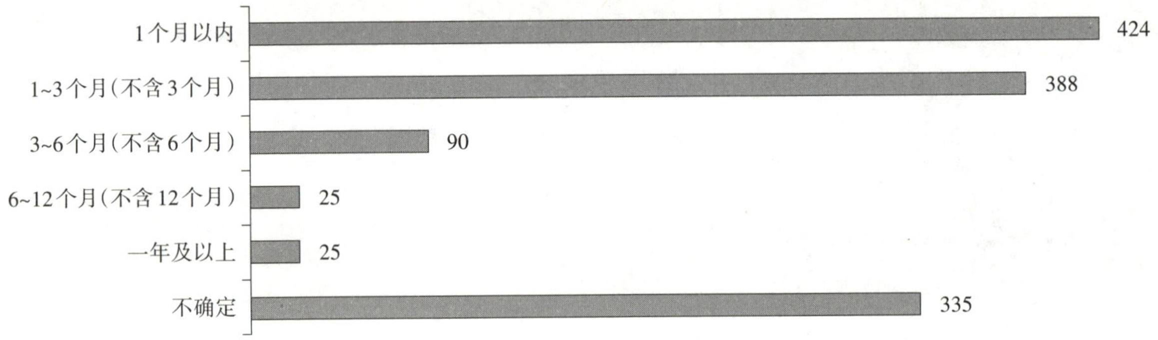


图5 重庆文旅企业流动现金支撑时间

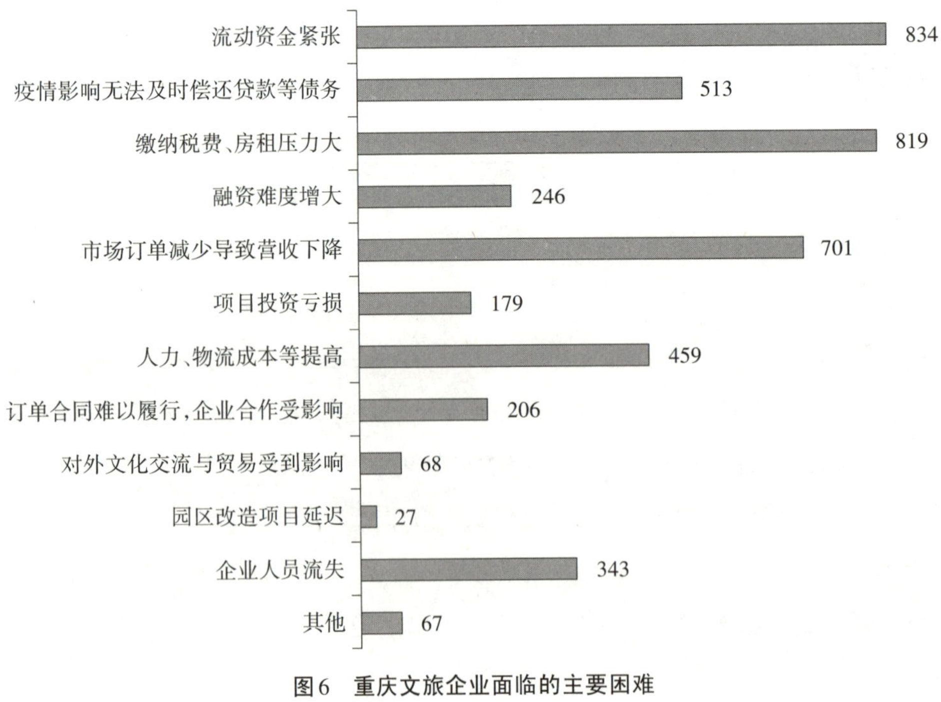


图6 重庆文旅企业面临的主要困难

## 二、后疫情时期重庆文旅企业的应对及需求状况

### （一）各企业已采取应对措施情况

面对突如其来的新冠肺炎疫情，重庆文旅企业并非消极应战，而是主动参与战疫、把握企业发展的转型机遇。结果表明，重庆市97.38%的文旅企业均通过不同方式积极自救，在疫情的压力下坚强求生存。具体特征主要表现为：一是降低生产成本，减少开支。调研结果显示（见图7），有791家（61.46%）文旅企业选择通过降低除人力以外的其他生产成本来维持企业的正常运营，另有452家（35.12%）企业通过降薪裁员的方式减少资金压力，这成为重庆文旅企业最重要的应对方式 。二是积极拓展营销渠道，创新营销方式。调研企业中有415家（32.25%）企业通过努力拓展营业渠道、创新营销方式来破解疫情所带来的困境，另有277家（21.52%）企业实行弹性工作制，通过增加线上办公来保证企业正常运行；257家（19.97%）企业开始研究消费新热点，布局新市场；316家（24.55%）企业根据疫情期间企业实际状况调整了年度目标；选择不断加强客户管理、优化企业内部治理结构的文旅企业分别有361家（28.05%）和201家（15.62%）；还有158家（12.28%）和225家（17.48%）企业通过积极申请政府资金以及通过向银行、民间等借贷融资来应对现金流不足的状况，体现企业的自救信心。

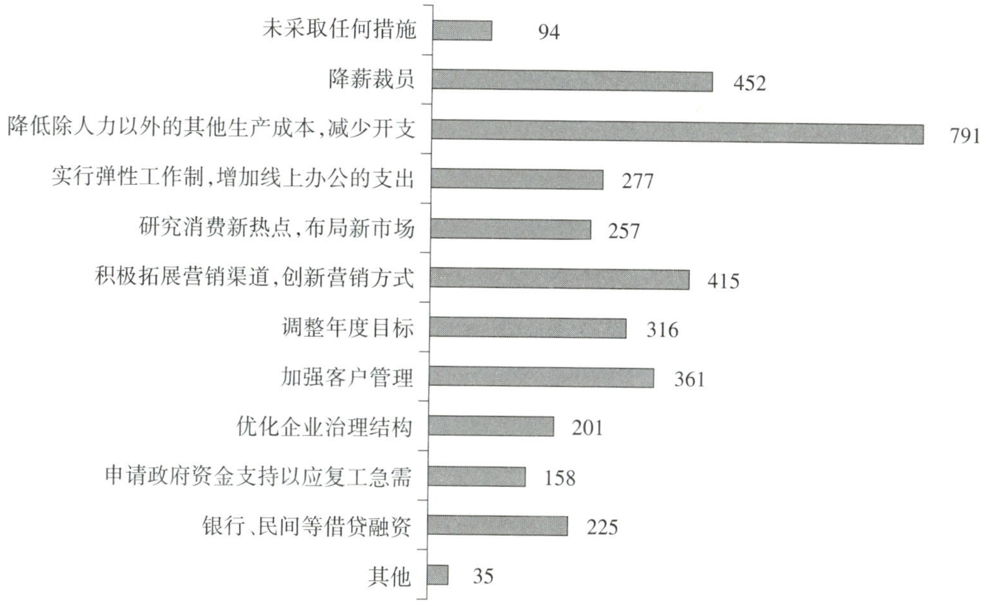


图7　企业采取的应对措施

### （二）流动资金需求强烈，将主要用于基本生产运营

调查结果显示，重庆绝大部分文旅企业的储备资金在50万元以下，其中超过调研总数一半（58.12%）的企业不具备储备资金，这反映出重庆文旅企业的资金抗风险能力较弱。疫情的突然暴发加大企业对资金的需求，需求额度主要集中在0~50万元、50万元~100万元和100万元~300万元之间，合计占比76.29%。初步估计，重庆文旅企业的总体资金需求在30亿元以上，资金需求较为强烈。通过进一步调研发现（见图8），重庆文旅企业所需资金主要将用于支付生产运营成本，其中缴

纳税费、房租、水电费等占受访企业总量的73.66%;支付员工工资、招纳新才和维持现有项目运营占比分别为69.00%和55.40%,均超过半数。

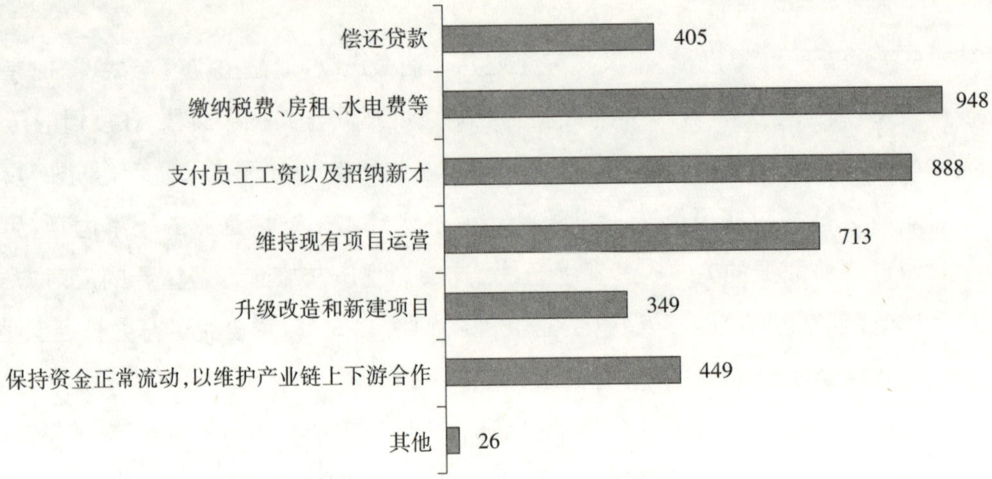


图8　重庆文旅企业所需现金用途

### (三)政策需求多样,降低生产运营成本仍为最大诉求

为了解重庆文旅企业的政策需求情况,课题组分别从资金、人才、宣传等方面梳理了14个政策选项。从调研情况看(见图9),重庆文旅企业对各类政策均有诉求,但对降低生产经营成本的诉求最为集中。其中提供房租、水电费等补贴(77.00%)、提供企业员工稳岗补贴(70.24%)占据政策诉求的比例最高。

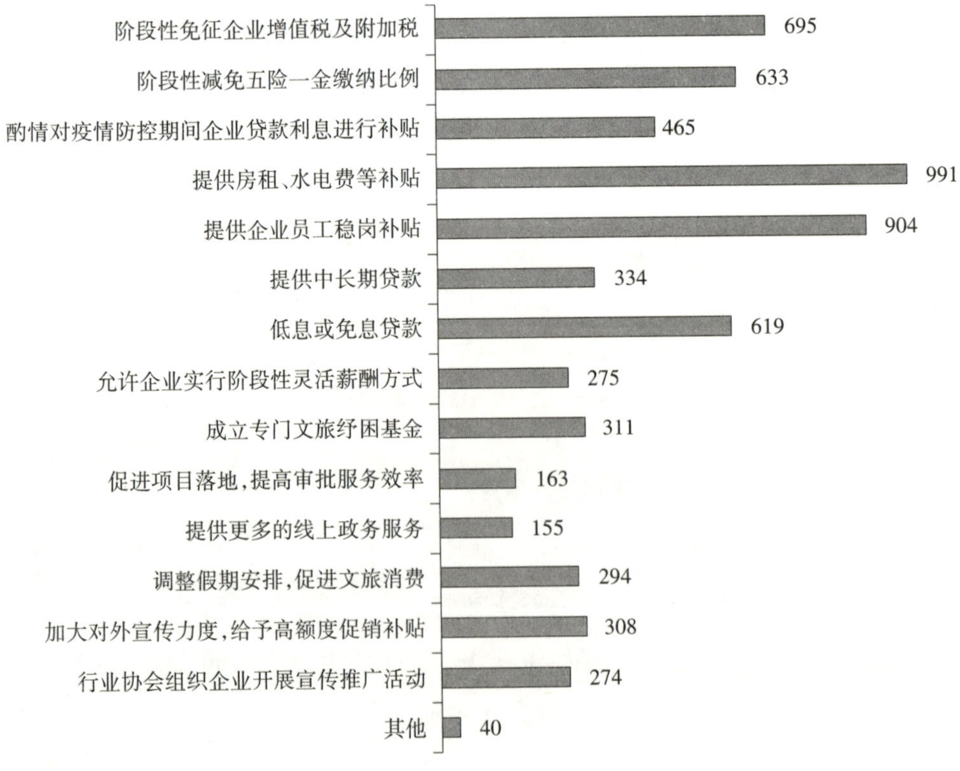


图9　疫情期间重庆文旅企业的政策诉求

### (四)线上营销模式成为企业转型的新方向

疫情的突然暴发对文旅企业原有的生产模式与生产结构产生了较大冲击,部分文旅企业开始考虑未来转型。调查结果显示(见图10),有477家(37.06%)文旅企业有企业转型计划,包括转向线上营销、引入资本或企业合作、转向轻资产投资、利用数字技术提档升级产品和服务、拓展国际市场、重视IP等,其中占比最多的是向线上营销模式转变(20.44%)。可见,疫情虽严重影响了重庆文旅企业的正常运营,但也为重庆文旅企业创造了新的发展机遇,迫使重庆文旅企业危中求变,重新布局,加速推进重庆文旅行业重新洗牌和产业新业态的涌现。

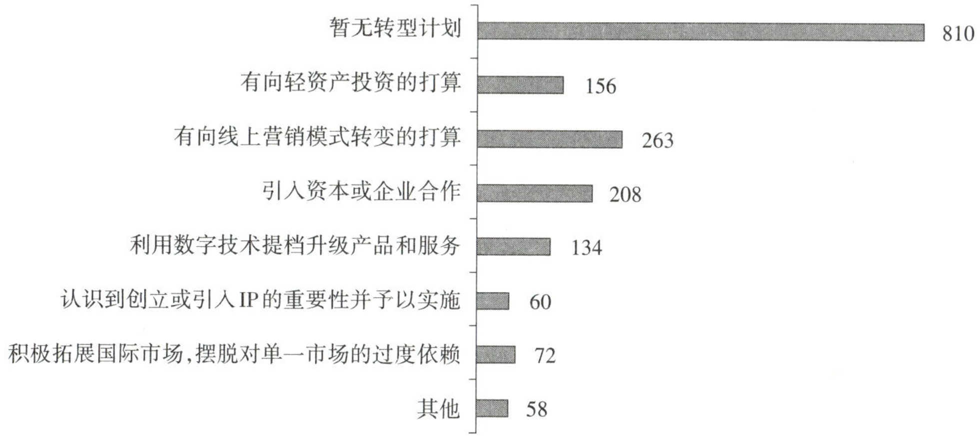


图10 疫情对重庆文旅企业转型的影响

## 三、后疫情时期重庆文旅产业发展的对策与建议

除问卷调研外,本次调研还收到了862条企业填写的有效诉求或建议,课题组通过运用扎根理论开展多级编码的方式,对调研信息进行了归纳整理,并在结合上述几部分反映问题的基础上,提出了后疫情时期促进重庆文旅企业复工复产、再求创新、破局重塑迈向高质量发展的对策和建议。

### (一)树立共治理念,做好文旅产业应急管理体系顶层设计

作为一场全球性的公共卫生突发事件,新冠肺炎疫情所产生的影响具有外延性、整体性和关联性,单单依靠政府的行政力量无法取得抗疫的全局性胜利,重庆文旅企业要想在后疫情时期找到新的发展方向,需要政府、企业、行业协会、科研智库等各个社会主体共同参与、各司其职,发挥自身优势,凝聚集体力量,共同渡过难关。

#### 1.政府应秉持开放与协作的治理理念,提高服务水平

此次调研发现,重庆文旅企业普遍存在希望政府深入走访基层,加强政企联系的诉求。对此,在疫情常态化防控的形势下,为进一步帮助重庆文旅企业转型发展,政府需深入推进“放管服”改革,继续秉持开放与协作的治理理念和以人为本的服务宗旨,建立由政府、企业、行业协会、科研智库等社

会主体共同参与的联席沟通机制，定期进行双向沟通交流，将治理渠道由封闭转向开放，由单向度转向多向度。在治理手段方面要着力构建"管理+服务+大数据"体系，建立文旅企业数据库，实时监控企业的发展动向。通过开设线上意见箱，举办网络听证会，完善"渝快办"等网上办、掌上办、指尖办等业务办理程序，建设智慧型政府文旅管理体系，提升政府治理能力和治理现代化水平。

**2. 文旅企业应主动出击，探索自救破局之路**

重庆文旅企业的恢复、发展除了依靠政府政策鼓励和市场引导外，更需要明确"打铁还需自身硬"的观念，督促自我发展。坚持"节流"和"开源"并重，主动找"市场"不找"市长"，不断升级思想，守正出奇，危中寻机。一方面，重庆文旅企业要主动与政府、银行、投资者、供应商、媒体、上下游客户等利益相关者保持双向沟通，表明自身需求，从而寻求支持。另一方面，要优化自身产业结构，业务模式单一、利润率较低、创新性不足、抗风险能力较差的企业可通过转型或合并等形式进行结构优化，或通过加强员工的业务培训、提高员工素质等方式，优化管理模式，增加管理效益。另外，重庆文旅企业应提档文旅产品与服务质量，着力关注文旅新发展方向，结合市场动态和需求，通过科技赋能与跨界合作，研发创新性文旅产品，专注提升内容品质，重构未来核心利器、硬核产品，从整体上把握统筹常态化疫情防控与正常生产的主动性，探索破局发展新出路。

**3. 行业协会须凝聚众力，抱团取暖，共同抗疫**

此次调研中受访企业也表达了对行业协会的期望和渴求，作为自治的非营利文旅组织，行业协会首先需积极响应政府号召，组织各会员单位以及非会员单位共同采取行动，团结互助、群策群力地求突破、谋发展。其次，要发挥行业协会的协调作用，在自愿的基础上组织文旅企业在生产、销售、售后服务、宣传推广等方面联动，以发挥文旅集团军的整体优势。最后，要充分彰显行业协会上传下达的桥梁作用，增强服务意识，摸清重庆文旅企业的真实诉求，及时向政府建言献策，切实帮助企业解决困难。

**4. 科研智库提供智力支持，满足多层次智囊需求**

科研智库是推动重庆文旅企业复工复产、主动自主创新的重要帮手，能为政府、企业提供科学、有效的智力支撑和决策参考。重庆市各科研智库应有服务各区县政府及文旅企业的视野与格局，主动融入市场、对接基层，针对疫情对重庆文旅企业的影响进行前瞻性、对策性、针对性研究，有效发挥科研智库在专业理论、研究动态、创新创意、操作实践等方面的优势。通过研究报告、论文、著作、规划设计、咨询意见、学术论坛、政策解读、技能培训等多种形式，同政府和企业建立长效合作机制，满足其多层次的智囊服务需求。①

### （二）积极推进政策落实，力争精准施策

**1. 进一步加强对现有纾困惠企政策的落实力度**

根据各文旅企业对扶持政策的强烈诉求，重庆各区县主管部门应进一步加大纾困惠企政策宣传

① 李光明. 以科研转型促进智库建设[N]. 学习时报，2015-10-26(11).

的广度和深度，把宣传工作做细、做实，通过官网、微信公众号、短信、电话、微信群、QQ群等方式大力扩宽政策宣传渠道，并做好相应的解读工作，吃透、弄通从国家到地方陆续推出的系列政策，打通政策传达的"最后一公里"；对政策的宣传不能只做上级的"传声筒"或"中转站"，还要做企业的"服务员"和"发声器"；与此同时，对辖区内企业的政策兑现情况建立动态更新机制，并做好政策宣传、落实的反馈工作，确保每一家企业都能"应知尽知""应解尽解"。此外，政府相关职能部门以及银行、担保等金融机构应持续落实现有扶持政策，主动提供服务，减少审批流程、简化办事手续，对受疫情影响严重的特殊企业开通"绿色通道"，特事特办。对符合条件的企业主动开展一对一或一站式集中申请，分享政策红利、提高申请效率，确保每一个文旅企业对扶持政策"应享尽享"，力争做到一个都不能少、一家都不落下。

**2.适当降低政策实施门槛，扩大实施范围**

经调查反馈，重庆文旅企业对贷款贴息、税收减免等扶持政策的呼吁较高，但已有政策的实施标准和门槛条件较高，导致部分企业无法享受现有政策。如疫情期间，针对中小微困难企业的贷款贴息政策要求必须是2020年1~6月主营业务收入同比下降50%以上的中小微企业，降低贷款利率则面向受疫情影响较重的企业；申请税收减免的企业须为疫情导致正常生产经营活动受到严重影响、造成重大损失、缴纳房产税和城镇土地使用税确有困难的中小企业。还有企业反映，现有政策基本对网吧、KTV等休闲娱乐场所并不适用。因此，建议进一步拓宽现有政策的适用范围，降低相应的政策申请门槛，提高政策的普及性和有效性。

**3.分类出台专门的文旅产业扶持政策，力争精准施策**

由于文旅产业业态广泛，企业规模层次多样，所以疫情期间不同类型企业的主要运营压力和政策需求不同，而现有政策不能全面覆盖所有产业门类，尚未有专门针对文旅产业的政策出台。例如，相比于重庆市政府相关部门对科技类、农业类、小微企业类的扶持政策，文创企业缺乏文创金融服务、项目孵化扶持、政府政策性补贴等支持，致使文创行业整体呈现出"社会影响显著化、实体生存边缘化"的境地。针对文创企业轻资产化、创意化的特点，建议减少对这类企业在贷款抵押物等方面的限制，适当减免版权申请费用，出台针对文创轻资产型企业的金融政策。这方面国内其他省份已率先出击，如江苏针对疫情对电影业的影响发布了"影十条"，之后陆续出台"企业指南""电影贷款项目贴息"等，并指导南京、无锡、常州、苏州等地出台多项扶持政策，给电影从业者带来了巨大鼓舞。总体上，政府首先应出台专门针对文化旅游产业的扶持政策，同时针对不同类型的企业，分门别类深度梳理各行业现状及困难，关注未受政策覆盖的利益相关者群体，出台各门类产业政策细则，做到精准施策、精准纾困。

### （三）激发重庆文旅市场活力，刺激需求端消费

**1.多渠道舒缓消极情绪，重建生产与消费信心**

疫情持续对文旅企业产生了较大的负面影响，在后疫情时期，许多企业表现出对文旅产业恢复

的信心和动力不足的消极心理。因此，需要多渠道重建企业生产与公众消费信心，激活重庆文旅市场活力。首先，政府新闻办等主流媒体可通过报纸、电视、网络社交平台等宣传渠道发布权威信息，不断加强正面宣传和引导，释放文旅市场充满潜力的积极信号，及时回应社会关切和舆论关注，缓解社会大众的担忧情绪。其次，政府可以联合医院、社工机构成立疫情防控应激心理干预小组，开通免费心理援助热线，为普通市民提供心理疏导。企业也可对员工进行心理建设，调动复工复产、自主创新的积极性，引导员工增强信心、坚定信念，着力推动企业加快转型发展。

**2. 政府政策鼓励，激发消费行为**

疫情发生后，中央政府和重庆市政府都对文旅消费进行了专题部署。接下来，为进一步刺激重庆文旅消费市场，政府可采取多种举措“组合出拳”。如设立文旅消费补贴专项财政基金，开展“红包”惠民，向市民发放文旅消费券、惠民卡、节日费，减免自驾来渝的小客车高速路通行费用和景区门票，积极推进带薪休假、2.5天小长假等弹性制度刺激文旅消费。对演出单位、景区、娱乐场所等行业提供限流资金补贴，扩大消费信贷投放。为实现文旅市场提质升级，政府还可以帮助文旅企业创新推广宣传模式，拓宽线上线下销售渠道。通过“云直播”“云商城”“云发布”等形式，推广文旅产品，培育文旅品牌；创新发展重庆“夜间经济”与“地摊经济”，打造夜游景点，强化亮化工程；设立专门“摆摊点”繁荣夜间集市，建立全国领先的夜间文旅消费集聚区，助推重庆文旅消费增长。此外，政府可放宽文旅市场准入限制，鼓励更多新兴文旅企业进驻文旅市场，为公众文旅消费提供更多新选择，为文旅产业的恢复注入新活力。

**3. 文旅企业消费引导，彰显市场活力**

在政府政策鼓励的基础上，文旅企业作为文旅市场的主力军，需要积极采取措施恢复生产，着力提高文旅产业生产速度和产品质量，以丰富多彩的文旅产品吸引公众消费，提高企业的经济效益，彰显企业社会责任。首先，文旅企业可适度放开价格限制，建立动态化的、弹性的定价机制，通过价格促销等市场营销手段，引导公众释放消费欲望。其次，提高文旅产品内容质量，丰富文旅产品种类，提升创新能力与制作水平。如疫情让更多的人开始青睐于生态游，因此文旅企业可以市场需求为导向，着力开发休闲度假、康养运动、农作体验等主题产品，打造乡村文化乐园和田园综合体，全面升级产品业态，提高优质文旅资源和产品的竞争力。

### （四）危中谋机、跨界融合，培育文旅产业新业态

**1. 加强科技赋能，促进文旅企业数字化转型**

疫情防控常态化导致以线下消费为主导的传统文旅消费模式受到严重冲击，这让转变文旅产业发展模式，实现文旅企业数字化发展迫在眉睫。数字创意产业早在2016年就被国家列为五大战略性新兴产业之一，是我国新发展阶段中强劲的经济增长点。在疫情期间，重庆多家数字创意类企业主动加入线上营销模式的新浪潮，表现出强劲生命力和高度成长性，起到了良好的示范作用。当前，重庆文旅企业应抓住机遇，加快科技赋能数字创意产业发展，为文旅企业发展提供新依托与新动力，

结合云计算、人工智能、物联网等智慧型科技手段，满足消费者的个性化需求；通过5G通信、VR/AR虚拟体验、全息投影、智慧穿戴设备、智慧新终端、无人机等软硬件科技设备生产文化产品，推出数字文化云平台，推进文化类“新基建”的建设，打通线上线下文旅消费壁垒，构建数字文旅新生态，实现数字创意产业的可持续发展。

**2.推进跨界融合，挖掘“文化+”“旅游+”产业价值**

后疫情时期是危机与机遇并存的时期，深入推进跨界融合能有效探索出重庆文化和旅游产业变革的新路径。当下，具有便利性、时效性和低风险性的2~3天短期游成为居民出游的首要选择，因此重庆文旅企业可着重推出城市周边微度假项目，发展周边游、近郊游、自驾游、亲子游等“旅游+”业态，匹配供需位序，助推文旅市场复苏。此外，可关注线上教育、线上购物、线上云游、数字音乐等线上服务，多渠道满足消费者文化消费的需求，以科技为驱动力，以数字为形式开拓文旅体验的方式，促进“文化+”“文旅+科技”的业态发展，实现重庆文旅企业的智慧化运营。随着民众健康意识的增强，生态游、乡村游、体育游、温泉游备受消费者青睐，康养休闲类文旅企业可紧跟市场需求，开发推出康养游产品，助推全面康养健体消费，促进重庆大健康产业快速发展。如在经历短暂影响后逆流而上、异军突起的重庆院子，将传统的茶楼、火锅、酒吧以及富有文艺气息的图书馆、漫画店、旗袍制衣店、非遗文创等业态集聚起来，辅以荷塘、稻田、果蔬栽种、家禽饲养等农家生态风情，以老重庆缩影为特色，成为又一网红打卡点。因此，重庆文旅企业还可积极交流，借鉴优秀营销案例，联动文旅外的其他领域进行跨界交流，实现业务链、供应链和价值链之间的集聚整合，提高重庆文旅企业的集体向心力，为实现重庆文旅市场高质量发展共同努力。

**参考文献：**

[1]“新冠肺炎疫情对湖北文化企业影响研究”课题组.新冠肺炎疫情对湖北文化企业影响的调研报告[J].学术前沿，2020(5)：84-99.

[2]习近平：在企业家座谈会上的讲话[EB/OL].(2020-07-21)[2021-06-16].http://www.xinhuanet.com/2020-07/21/c_1126267575.htm.

[3]民生智库.文化产业受疫情影响情况调研报告[EB/OL].(2020-07-15)[2021-06-16].http://www.minshengzk.com/page24?article_id=15.

[4]新旅界研究院.新冠肺炎疫情影响下的2020年文旅产业发展形势分析[EB/OL].(2020-07-15)[2021-06-16].http://www.lvjie.com.cn/newsletter/2020/0217/16226.html.

# 浅析浸没式戏剧诞生的背景及其发展方向

陶宇
(重庆市文化和旅游研究院)

【摘要】作为一种全新的剧场观演方式,浸没式戏剧目前在全球戏剧界方兴未艾,新剧的公演总能引起一股观看和讨论的热潮。本文试图从环境戏剧理论的角度分析浸没式戏剧诞生的背景,并对浸没式戏剧与环境戏剧做出区分,根据当前最具代表性剧目的表现做出对浸没式戏剧未来发展方向的判断。

【关键词】浸没式戏剧;背景;发展方向;

已诞生十多年的浸没式戏剧(Immersive Theatre,又名沉浸式戏剧),作为一种剧场观演的全新方式,打破了观众与舞台之间的界限,观众不再是坐在剧场的座椅之上,而是在一个演剧空间里主动地探索剧情,以求更加身临其境地观赏体验。从红遍欧美、目前也享誉中国的浸没式戏剧鼻祖《不眠之夜》(*Sleep No More*),到各国相继推出的本土作品(如:英国伦敦*You Me Bum Bum Train*,美国纽约《坠落的爱丽丝》,中国《死水边的美人鱼》《双重》等),浸没式戏剧的公演都引起了激烈的社会反响。尤其是就市场反响而言,浸没式戏剧凭借独特的表演形式往往能够吸引大量的观众前去一探究竟,为当前戏剧产业带来了新的增长点。针对此种全新的戏剧形式,学界也展开了详尽的讨论,并从性质上对商业浸没剧和先锋浸没剧加以区分。目前,研究多聚焦于从效果上讨论浸没剧中的表演,以及该剧种在全球范围传播过程中的本土化改造问题。本文试图从环境戏剧理论的角度,去一窥浸没式戏剧诞生的原因和动力,且结合浸没式戏剧的实际呈现——对培育它的社会土壤所做出的反应,提出关于其未来发展方向的建议。

## 一、创作缘起——环境戏剧

目前普遍认为浸没式戏剧这一概念由英国"Punchdrunk"公司于21世纪初首次提出,但浸没式戏剧绝不是仅仅依靠一个剧团的灵感和创意就造就的。相反,它的出现应该与环境戏剧的概念有着一定的联系。

环境戏剧(Environmental Theatre)最早源自20世纪初一批戏剧家推出的偶发艺术、街头表演、历史再现等探索剧场空间和观演关系改造的先锋戏剧,并由安托南·阿尔托在其著作《残酷戏剧》中首次提及。而笔者认为,环境戏剧真正作为一种基于改造剧场环境的表演方式,正式形成是在20世纪60年代后,早期的"环境戏剧"表演主要依靠置换传统的表演场地,即使演员与观众的观演关系、互动方式发生了改变,也是在表演场地变换的影响下而发生的。到20世纪60年代,电影、电视等媒介对于舞台剧造成了空前的冲击,迫使剧作家们思考舞台剧在这场竞争中的出路。最终,创作者们把目光集中于舞台剧中表演者与观众之间的互动上。因此,区隔表演区与观演区的镜框式舞台的形式必然要被打破,但这仅仅是拉近演员与观众距离的第一步。根据理查德·谢克纳对于环境戏剧的空间设计的概括①[1],可以看出环境设计的目的在于服务于演员和观众的交流互动。环境设计只是手段,最终的目的,在于化解掉斯坦尼斯拉夫斯基表演体系中观众群这个对演员来说的"黑洞"[2]。

## 二、浸没式戏剧之于环境戏剧

因此,可以说20世纪前半叶所出现的环境戏剧作品只是当时反传统戏剧热潮下的多种尝试之一,是为了反传统戏剧而反传统剧场;而于20世纪60年代后创作的一批环境戏剧作品和谢克纳对该概念的正式提出,标志着环境戏剧作为演出方式的一种得到确立,此时,强调通过空间促成演员与观众之间的互动是它区别于其他演出方式和概念的核心内涵。

浸没式戏剧把运用环境戏剧演出方式赋予观众的"卷入感"进一步延伸成为"沉浸感",而事实上不论是哪一种感觉效应,根本追求的都是"身临其境"的真实感的最大化,是唤起观众内心情感体验的最大化。而相比于前者,浸没式戏剧进一步地在互动方式上做出了努力。例如在《不眠之夜》中,部分观众会被演员选中单独进行一对一的表演,观众会被要求摘下原来的面具。此时观众的身份变成了演员,与他所面对的剧中角色上演一出剧情主线以外的"剧情"。这样的互动是完全区别于过去在一些舞台剧中的即兴式互动的,在那些互动中参与的观众仍然只是观众,互动内容往往也是脱离了戏剧表演本身的,其目的大多只是增加演出的趣味性和娱乐性,从根本上来说并未打破"第四面墙"。当然,这种互动带来的营造真实感的效果也是因剧而异的,在*You Me Bum Bum Train*中,一个线性循环只接待一位观众,所有的场景所表演的都只是观众一人的梦境,这时观众不仅是整个表演的中心,也可以说是整个剧的"主演"之一;而在《不眠之夜》中,前文所提及的一对一互动只是随机发生的,大多数时候观众都被要求戴着白色面具自行观看表演,虽然没有镜框式的舞台,但这个面具无形中起到了将观众群与演员划分开的屏障作用,"第四面墙"依然存在。

---

① 具体内容为:"1.为每出戏设计整个空间,包括表演空间、观众空间和技术空间;2.人的身体是环境设计的依据;3.设计环境应包括所有的空间意识;4.环境的所有部分都是功能;5.表演者是全部应包括的空间意识;6.空间随着戏剧而展开,环境设计是一个过程。"

## 三、关于浸没式戏剧未来发展方向的建议

从许多浸没式戏剧在演出地开演以来场场爆满的情形，和高于当地戏剧演出平均票价的票价来看，它在戏剧市场上的热度还一直未消退①。事实上，商业运作较为成熟的浸没式戏剧，其盈利模式相对于传统的介入式戏剧更具有活力。其主要营利收入不仅来源于演出销售，也源于对剧中元素的再开发。主创团队往往会利用剧中的沉浸式的氛围、剧情和角色设定，制造观剧之外的消费可能。在浸没式剧场休息期间，剧场的一部分可以用来举办主题派对；还可以提供特色餐饮服务，让观众延续对剧中故事所发生的特定年代、特定氛围的体验；当然，观众也可以直接购买根据浸没式戏剧开发的系列文化创意产品。因此，可以看出浸没式戏剧的出现不仅为观众带去了戏剧观赏的新兴奋点，也为戏剧产业带去了新增长点，在未来的很长一段时间内，它仍然会作为最为火爆的文化消费产品之一而享有市场。

然而，也要看到浸没式戏剧的火爆现象引发了学界的质疑，认为当前的浸没式戏剧在商业运作的过程中逐渐抛弃了自身所带有的"先锋性"，即"对形式界限的冲破，缩短艺术与生活的距离，在形式和方法上会广泛接受社会、政治，尤其是意识形态的影响和启迪"[3]，相反，在其模式不断地被复制中，仅凭"沉浸式"的外壳而吸引观众，成为一种消费景观，而缺少了对现实的观照和思考。笔者认为，首先，并非所有浸没式戏剧都注定要走商业化道路；其次，即使是一部商业性浸没式戏剧，对艺术审美价值的探索和对商业价值的追求也并非完全冲突。面对那些商业性浸没式戏剧，要积极吸取他们在市场运作上的优点，反思不足之处。具体来说，针对浸没式戏剧的未来发展方向有以下几个建议。

剧作文本要为"沉浸式"量身定制。浸没式戏剧火爆至今，新的作品层出不穷，口碑却是参差不齐。其中有相当一部分作品被质疑"形式大于内容"。究其原因，还是创作者对浸没式戏剧缺乏一个深入透彻的理解，只抓住了其众多特征元素中最为明显的一个——环境，于是往往将镜框式舞台改为浸没式表演空间，再将剧情表演与新的环境进行嫁接。创作者将过多的注意力放在了如何打造沉浸式的剧场空间，也就容易忽视剧作文本与表演形式的统一性问题。于是，这就造成了部分浸没式戏剧在文本内容上的薄弱：一种是在剧情叙事上出现的硬伤，具体包括情节碎片化、缺少必要的戏剧冲突、角色性格塑造较单薄等；例如《不眠之夜》的主线故事是根据《麦克白》改编而来，只挑选了原作中的几个关键情节演出，所以在观看主线剧情时这种剧情的割裂感和跳跃感对于观众来说是比较明显的。另一种则是类似于早期的环境戏剧，只是用具有浸没式效果的表演空间代替了传统的镜框式舞台，而表演的内容并未做出什么改变。这在实质上也不符合浸没式戏剧对于变革传统观演关系的内在要求，是业界所需要警惕的。

因此，建议在今后的浸没式戏剧的创作中，创作者要首先以主旨表达作为中心和出发点，要始终

① 以《不眠之夜》为例，美国纽约版的最低售价为75美元（折合人民币约482元）每人，中国上海版的售价为590元至790元人民币每人不等。

明确“浸没”只是用来辅助表演的工具之一，而不是目的和归宿。沉浸式有与它相适应的类型文本，也有与它不相适应的。

将浸没式的表演形式推广至戏剧之外。前面已经提到，对于“浸没”感的追求，最重要的意义在于唤起观众内心更真实的情感体验，这无疑对许多其他行业也具有启示。当前的虚拟现实、混合现实等一系列技术正得到越来越多行业的青睐，也是基于这些技术在营造交互环境、“身临其境”感上的优势。将浸没式的表演形式与不同的表演艺术相融合，能够满足当下人们对于沉浸感、体验感的需求。如在旅游演艺活动中，尝试类似的表演形式，不仅有助于带来全新的观看体验，也有助于改善旅游演艺尤其是实景演出团队庞大、制作成本高昂、耗资巨大却难以收回成本的困境。在后期，若是尝试拓展浸没式表演的实验空间，赋予部分观众以“演员”的角色，化被动观看为主动表演，则同样能极大地增强演出的体验性。当然，这种移植、实验的过程将会考验创作者对于传统戏剧审美与浸没式戏剧“游戏性”的把握与取舍，应在确保不挑战戏剧本体价值的前提下，选择适合的“嫁接”对象。

**参考文献：**

[1] [美]理查德·谢克纳.环境戏剧[M].曹路生，译.北京：中国戏剧出版社，2001.

[2] 郑雪来.斯坦尼斯拉夫斯基体系论纲[M].北京：中央编译出版社，2012.

[3] Joan Herrington. The Playwright's Muse[M]. London：Routledge，2002.

# 试析重庆及周边地区傩戏在服装设计上的孪生应用

## ——以酉阳阳戏与道真傩戏为例

李怡乐
（四川美术学院）

【摘要】傩戏的历史追溯到汉族先民的自然崇拜、图腾崇拜和巫术意识，源于原始社会图腾崇拜的傩祭。周朝将商代形成的一种固定的驱鬼逐疫的祭祀仪式将称为“傩”，于是国家有大傩，民间有乡人傩。傩戏和地方戏曲结合，分为傩堂戏、地戏、阳戏三种。本文以酉阳阳戏与道真傩戏为例，从傩戏面具、服装层面进行对比分析，探讨重庆及周边地区傩戏的异同点，试论地方傩戏未来创新发展的前景，并根据国内傩戏当前的文化传承道路，思考傩戏大方向在服装设计方向应用的可能性。此外，从傩戏面具、服装、表演形式三个角度探索傩戏元素在服装设计领域的应用前景并试论可行的转换方法论。

【关键词】傩戏；服装设计；应用

傩，最初是人民在古代腊月驱逐疫鬼的宗教仪式，源于人民对神秘力量与神鬼图腾的崇拜。[1]艺人们佩戴着绘制的鬼神面具，配合着舞蹈动作使其化身为人民心中的“鬼神形象”，以“鬼神形象”进行驱逐疫鬼，为未来祈福、庇佑世人的活动。

拆解“傩”字，人+难，根据“傩”字的原义，可以拓展为人在艰难的时候，释放心理压力的方式，傩活动符合远古时代人们的心理需求。《论语·乡党》中曾有“乡人傩，朝服而立于阼阶”[2]的说法，意为乡村人民在举行傩祭仪式时，孔子也穿着礼服站立于台阶上。由此可以看出早在春秋末期时，傩戏已经是一种成熟的宗教祭祀仪式而广泛流行于民众之中，而溯其起源可至商周的方相氏驱傩活动。《事物纪原·岁时风俗·驱傩》中记载：“驱傩，虽原始于黄帝，而大抵周之旧制也。周官岁终命方相氏，率百隶索室驱疫以逐之，则驱傩之始也。”[3]同时，祭祀的仪式中礼乐齐鸣，歌舞同起，这就是我们常说的傩舞。随着社会发展，约在宋代，傩舞吸收了当地的民间歌舞元素，增加了故事情节，而演变成一种全新的戏曲剧种——傩戏。发展至今，傩戏已经不单单是一种戏曲种类或舞蹈活动，它逐渐融入人民的生活，成为各地民俗文化的一部分。

傩戏在我国境内受到不同地区不同民族风尚的影响，在当代逐渐演变成了带有各地特色的傩戏分支，大体分为傩堂戏、地戏、阳戏三种。贵州地区有多个少数民族聚集，深受傩文化的影响，因此在贵州傩戏的研究自成系统，具有深厚的研究价值。除贵州傩戏外，在我国广东、江西、河北武安、湖北三岔、重庆酉阳、安徽贵池等地区都形成了具有地方特色的傩戏文化。[4]

## 一、重庆酉阳傩戏特点

重庆酉阳傩戏属于我国傩戏文化的一部分，以酉阳土家族地区为主要发展地区，存在于酉阳周边的几个村镇，结合土家族文化特征衍生而出。在比邻重庆的贵州道真地区同样以傩文化著称，依托仡佬族文化形成道真傩戏。在田野考察中发现，重庆及周边地区的傩戏传承者大多为当地的村民，秉承着“师傅带徒弟”的方式，在面具、服装、剧本和表演形式等方面一代一代进行传承。这样的传承方式比较原始、粗放，虽然有傩戏的完整性，但也是单一性的，尤其在科学技术飞速发展的今天，傩戏如果仅仅保持着传统的娱神娱人功能的单一表演，受众人群就会越来越少。且随着社会的发展，年轻一代外出务工，傩戏传承的新生力量锐减，将继续导致傩戏未来的传承与创新发展艰难。傩戏文化如何优化发展格局，以要素和特点为支撑，耦合其他文化，在新时代的戏曲艺术上互动转化，成为值得探讨的话题。因此本次研究将立足于重庆酉阳土家族傩堂戏，以贵州道真仡佬族傩戏作为案例比对进行分析，目的是在探讨重庆及周边地区傩戏异同的基础上，分析傩戏元素在服装设计上的孪生应用。

## 二、酉阳阳戏与道真傩戏现状

酉阳阳戏隶属于西南重庆地区傩戏的一个分支，它在传统傩戏的基础上，加入土家族地方特色而演变成了具有酉阳本土特色的傩堂戏。道真仡佬族傩戏则是依据仡佬族文化融合了佛、道文化而呈现出多宗混合的傩戏风格。

酉阳阳戏戏班目前没有固定的表演时间，受当地需求影响，阳戏表演人员并不能将表演阳戏作为营生。[5] 演艺人员大多为当地村民，在没有阳戏表演需求时，他们会上山务农谋生。虽然酉阳阳戏作为重庆市非遗文化，受到市政府的定点支持，但是随着社会进程的发展，它仍面临着传承人锐减，技艺单一传承的问题。而道真仡佬族傩戏依托中国傩城和傩戏王国两大傩文化主题公园，傩戏依托仡佬族本土文化“三幺台”，每天都会有两场固定的傩戏表演，戏班有固定的表演时间，在一定程度上保证了道真傩戏的延续。同时，傩文化主题公园也成为对公众宣传傩戏的一个绝佳的平台。戏班的表演人员也是道真当地的村民，且因为道真县城有傩文化艺术馆和正在建设中的傩文化园，傩戏传承目前暂未受到阻碍。通过对酉阳阳戏和道真傩戏的传承现状比较可以看出，酉阳阳戏目前仍缺乏正规渠道对阳戏进行展示与创新。阳戏手艺人依靠戏班等形式对酉阳阳戏进行传承。而道真傩戏在这方面已经初步建立了傩城、傩文化研究中心等项目，对于傩戏的传承有了初步规划。

面具作为傩戏的重要组成部分，从选材到制作都非常考究。面具经过选材、取样、画形、雕材、挖瓢、打磨、油炸生漆和开光的工艺流程，面具均为木质材料，具有一定重量。[6]在傩戏中，面具被赋予了浓厚的宗教和民俗含义。当艺人们佩戴上面具时，就需要遵循面具角色进行表演。不同地区的傩戏面具在细节之处会有地方独特的处理方式。

通过对比酉阳阳戏面具和道真傩戏面具异同可以发现，傩戏在佩戴方式、面具保存、面具类别、装饰纹样等方面有一定的异同。

首先，二者的不同之处在于，在佩戴方式上的异同：酉阳阳戏佩戴面具的方式是将面具置于头顶上，艺人们在表演时会低下头，通过眼睛来定位地面位置进行表演。而道真傩戏的面具佩戴方式则更为常见。他们会用头巾裹住脖颈至头部，再佩戴上面具进行表演。这两种不同的面具佩戴形式导致傩戏表演时，演员肢体形态有细微的差别。面具保存的程度也有一定的差异：酉阳阳戏现存面具(以酉阳阳戏戏班头陈永霞提供的面具为参照)大多都有明显的磨损痕迹，并存在局部掉漆的情况。道真傩戏现存面具(以道真中国傩城中的傩戏戏班及展馆的面具为参照)中，分为展示面具和表演面具。在展柜中展示的面具大多被很好地保护起来，并没有强烈的磨损痕迹，有的甚至是全新未上色的木质原色面具。戏班表演面具和展示面具分开，将面具的装饰功能与实用功能进行区分。在色彩上颜色更加艳丽，款式更加丰富。在种类上也有着一定细微区别：酉阳阳戏现存面具以武生、张飞、先锋官、喽啰、三军等人物形象进行创作。道真傩戏以先锋小姐、勤童老官、杨泗将军、炳灵侯王、汉朝将军、梓潼帝君、勾簿判官、二郎菩萨等形象进行面具创作。虽然名字有细微差别，但两地的面具人物形象仍有共同之处。单纯从已有面具的分类来看，道真傩戏的面具种类较酉阳阳戏的面具种类更加丰富。在装饰花纹的繁复程度上，二者也不完全相同，根据已有面具资料可以得知，道真傩戏面具在花纹的应用和面具形制上更加繁复，对于人物形象及附属装饰的雕刻更加细致入微。如面具人物形象顶冠的雕刻与装饰，常会采用方格纹增加面具纹理，在某些特殊面具上会镶嵌圆形镜片作为装饰，选择的色彩也会更加艳丽，具有民族风情。相比之下，酉阳阳戏的面具则更为注重对人物形象的诠释，在顶冠部分的装饰不会过分华丽，色彩也更为偏向中性色，不会有大面积的亮色，整体效果更平面，感觉也更为沉稳。

其次，酉阳傩戏与道真傩戏的相同之处在于材料装饰与种类、夸张手法等较为相近。如图1和图2所示，无论是酉阳阳戏还是道真傩戏，都属于中国傩戏这个大种类，因此在面具取材以及制作工艺方面都同宗同源。选择白杨木等木材作为原材料，经过选材、取样等八道工序制作出带有不同人物形象的木质面具。在张飞等人物形象面具的装饰上，均采用假发等元素装饰面具，营造效果。二者具有相似的夸张程度。面具的造型在写实的基础上，都在局部进行了相应的夸张处理。如在面部造型中，夸张五官造型或者表情来符合塑造的人物形象，同时又与现实中的人物形象划开界限，达到戏剧性的处理。

图1　酉阳阳戏面具

图2　道真傩戏面具

最后，傩戏在服装上依然保存着古装袍服的结构样式。调研显示，酉阳阳戏和道真傩戏目前在演出中大多直接采用市场中现有的表演服装进行演出。但在戏服藏品中，仍有部分服装是戏班自制的，并采用刺绣工艺装饰戏服。在酉阳阳戏戏班头陈永霞的藏品中，可以看到两件从上辈传承至今的阳戏戏服，这两件戏服保存完整，目前仍然被用于傩戏表演之中。演出服装采用饱和度较纯的色彩，在服装上使用刺绣工艺作为主体工艺。款式也属于戏曲服装的基本款式，在酉阳阳戏的演出中，服装是作为辅助元素来支撑整个傩戏的表演的。而道真傩戏服装也有相似之处，均以刺绣为主体工艺，在图案上选择花朵、龙凤、团纹等元素作为装饰。对比可知，两地的傩戏服装差异不大。传统刺绣工艺仍作为主体工艺运用在傩戏戏服中。同时在色彩的选取上，红色调戏服仍是傩戏表演中常用的色系，意在表达驱逐疫鬼的愿景。

图3　酉阳阳戏演出服装

图4　道真傩戏演出服装

## 三、隐于纹路的价值与显于色彩的意义

从上述内容可知，傩戏面具拥有立体的形态、线条的组合、淳朴的色彩、夸张的结构等元素。立体的形态主要指傩戏面具的雕塑感是最显著的特征，面具塑造立体感是傩戏面具极具特色的部分。线条的组合主要包括面具上通过线条的层叠表达空间与层次关系的面部刻画。同时在大面积需要装饰的部分，通过线条绘制出各类花纹，如放射纹、格纹、卷云纹、鱼鳞纹等的运用，都使面具的丰富性得到了补充。色彩的淳朴性，如面具是由木材雕刻而成，因此底色大多是偏黄的木原色，还有少部分是深棕色。受到原色影响，面具手艺人在给面具绘制颜色时，会采用纯度较高的颜料上色，红、黄、蓝色都在面具色彩中占有比较大的色彩比例。从结构中可以看到傩戏面具的造型形象最初来源于神鬼形象，后期增加了历史中的人物形象。通过观察这些人物在面具上的造型，可以发现它们都是带有一定戏剧所必备的夸张效果的。例如，在神鬼类形象面具创作时，在保留其狰狞的面部形象时会增加生活类元素。如图5所示，该鬼怪类面具在夸张其形象的同时，又在额头与下巴处添加了“寿”“福”字样，饱含了人民对该仪式所能给未来带来的美好愿景。这些字样在保留夸张性的前提下，没有破坏面具的整体效果，又为面具增添了一丝戏剧性。

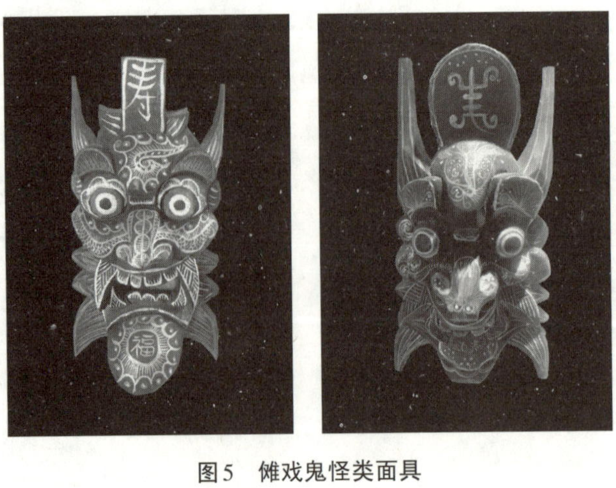

图5　傩戏鬼怪类面具

酉阳阳戏作为重庆地区傩文化传承的典型代表，对于西南地区傩文化的研究具有重要意义。其展现了重庆地区土家族人民对于傩文化的传承与演绎，傩戏也在发展和融入土家族民族文化的过程中成为本土民族文化的一部分，并带有鲜明的地方特色。傩戏发展至当前，其祭祀功能已大幅度减退，其娱人功能作为主导方向正在发展。而傩戏本身具有的民族文化精神及情感需求才是当前提倡对其大力传承的原因。

以道真傩戏作为对照案例，可以探索出重庆地区傩戏与周边地区傩戏之间的共同性以及差异性部分。针对共同性的部分，可以吸收其他地区傩戏的优点进行发展，而独特性部分可以持续发展，展现地方傩戏具有的独特性。如酉阳阳戏独特的面具佩戴方式以及具有地方特色的表演方式是具有特殊性的部分，是非常值得记录并传承下来的。而道真傩戏当前的发展方式是十分值得借鉴的部分，应将傩戏文化传统与旅游业或地方规划结合起来进行传承与发展。

## 四、傩元素在服装设计中的孪生应用

### 1.傩元素的孪生应用概念

“数字孪生”是当下热门的新概念，指以产品为主线，并在生命周期的不同阶段引入不同的要素，形成不同阶段的表现形态。[7]这个概念应用到傩元素和服装设计领域，则是以服装设计的设计阶段为主线，从服装款式、色彩、概念等方面引入不同形态的傩元素，从而形成不同的服装系列。而这个设计过程正是傩元素在服装设计领域的孪生应用。

### 2.二维图案里活跃的傩戏面具本源

面具作为傩戏的重要特色之一，该元素的应用转化也是势在必行的。可通过将傩戏不同角色的面具进行视觉化处理，使其从立体的3D面具形制转化为2D面具图案，并提取其中面具的关键点抽象为图案进行二方连续或四方连续的图案设计。这些图案设计可以运用在服装与服饰品中，既能呈现为扇子、手机壳等文创产品，又能以当代的手段传承与创新傩戏面具的特色。

澳大利亚设计师Bela Borsodi的一系列作品正是将一叠衣服拗成人脸的形状。这一创意虽并不来源于傩戏面具，却可以让我们窥探到傩戏面具与服装设计之间的联系。立体面具的造型可启发创意类服装结构的探索。服装又有“软雕塑”之名，傩戏面具所具备的雕塑型的立体感也正启发着服装的创意。将立体面具造型与服装结合，依然是探索服装局部3D创意的过程。将傩戏面具与当代服装结构设计相结合，也正是将传统傩戏与当代设计、当代生活的创意结合。

### 3.点线面组合呈现的傩舞叙事性

傩戏作为戏剧剧种之一，在表演过程中由繁复的舞蹈动作串联起整部傩戏的故事情节。在傩戏的舞蹈表演中，艺人们的肢体动作变幻莫测，或是与道具互动，或是与周围“神鬼形象”互动，又或是与观看傩戏的民众互动。这些夸张的舞蹈动作也是启发服装设计的元素。

而一套舞蹈动作所呈现的连续性，也正是服装设计所需要的叙事性。舞蹈动作的起伏转合对应的正是服装款式中的层叠皱褶。

可通过收集傩戏表演时一系列的舞蹈动作，将这些动作抽离成点、线、面的形式与服装款式相结合，使服装款式中自然融入傩戏的表演状态；并跳出傩戏所自带的民俗性，使款式更具当代风尚。而通过透叠、组合动作碎片的形式，可分割出带有创新性的款式结构、创意性的正负形廓形，给服装设计提供新的思路。

**4. 浓墨重彩中积淀的民族多元色彩**

通过对傩戏戏服的分析可以发现，傩戏的服装款式大多为戏曲服装形制，该类服装的目的是凸显傩戏面具所代表的人物。款式较常规，且偏宽大。色彩以红色调为主，在我国的传统思维中，红色有吉祥、喜庆的寓意。红色也深深扎根于我国的历史文化，并衍生出了具有民族特色的中国红。[8]可提取傩戏戏服的色彩配比，在保留其原始配色的基础上，将其配色的占比进行重新调整，将其全新的色彩配比运用于当代服装设计中，使傩戏戏服色彩重新演绎于现代服装中。

## 五、结语

重庆及周边地区的傩戏在符合中国傩戏发展大方向的前提下，保留了西南地区傩文化的特异性。尤其是木质立体面具的传承使得重庆及周边地区的傩戏在傩戏世界中占有一席之地。但未来傩戏的传承与发展必将是多元性的，当前傩戏的单一发展模式势必要随着社会发展进程而改变。傩戏的跨界发展将是未来傩戏的发展前景。

探索傩戏元素与服装设计之间融合的可行性，有助于传统傩戏开拓一条新的文化发展道路。在传承的基础上，符合当下跨界合作、跨界思维的潮流，使傩戏不单单是通过戏剧表演来传递文化内涵，也可通过文创的形式向公众传递信息并进行发展。同时，对于服装设计而言，探索传统民俗文化在当代服装设计上的应用，也是将传统与现代结合的必经之路。这对于傩戏文化和服装设计的发展都具有可行性，两者是相辅相成的。

傩元素在服装设计中的跨界结合和孪生应用将有助于傩戏以服装的形式得到传承与创新。此外，傩文化这一中国传统民俗文化蕴含了丰富的民族元素与民族精神，在服装上对这些元素和精神的诠释也有助于服装设计中将传统民俗与当代文化进行合理、有效的结合。傩戏从面具、服装等表象元素，到舞蹈、剧情等内在元素，都可以成为当代服装设计的思路与源泉。

**参考文献：**

[1]梁兵.中国安徽贵池傩衣形制考[D].中国艺术研究院，2008.

[2]刘胜利.论语[M].北京：中华书局，2006.

[3]高承.事物纪原[M].北京：中华书局，1989.

[4]中华五千年网.中国傩戏[EB/OL].http://www.zh5000.com/JS/mianju/tianxi5.htm.

[5]田欣,陈一墨.重庆酉阳阳戏面具的功能及其在影视作品中的体现[J].电影评介,2018(5):107-109.

[6]郭瑾.傩面具制作[EB/OL].(2016-12-02)[2021-06-21].http://culture.gog.cn/system/2016/12/02/015257524.shtml.

[7]寄云科技.一文读懂数字孪生的应用及意义[EB/OL].(2018-09-27)[2021-06-21].https://baijiahao.baidu.com/s?id=1612730768875518690&wfr=spider&for=pc.

[8]吕媛媛.傩戏服装元素与现代服装设计结合的探究[D].石家庄:河北科技大学,2011.

# 重庆文化旅游研究系列评论

## ——评重庆杂技艺术团杂技剧《一双绣花鞋》

编者按:

2021年,在中国共产党百年华诞之际,重庆杂技艺术团以同名小说为蓝本,打造了一台展现中国共产党人智慧、忠勇的红色杂技剧《一双绣花鞋》。该剧立体再现了重庆解放初期艰险复杂的反特斗争:公安民警成功粉碎敌特分子撤离重庆时破坏山城的阴谋。市文化和旅游研究院组织相关研究人员观看了该剧。评论者们通过这五篇系列文章,对重庆杂技艺术团(以下简称"重庆杂技团")在杂技剧发展和创新方面所做出的努力进行了讨论,并结合杂技剧的舞台特点,为最大化发挥文化IP的优势,对杂技剧的视听创作进行了分析,并对戏剧结构和情节叙述方面提出了一些看法,以期推动杂技剧更好地发展。

### 探寻身体技艺与舞台叙事间的张力——杂技剧《一双绣花鞋》观后感

魏锦(重庆市文化和旅游研究院):

杂技剧《一双绣花鞋》取材于况浩文所著同名小说和以此改编的电影《雾都茫茫》。这部著名的反特题材小说及成功改编的电影曲折、神秘,其所营造的意境与雾都重庆的气质相得益彰,同时赞颂了解放初期公安战士在复杂的环境下对敌斗争的大智大勇和爱国奉献的精神。这样的作品无疑是创作和衍生具有鲜明的重庆地域特征和弘扬主流思想的各种艺术作品的优质IP。重庆杂技团选择这一题材进行杂技剧创作是非常值得称道的,杂技不同于其他类别舞台演出的突出特点,为这一题材拓展了更多的想象空间。同时,杂技剧《一双绣花鞋》也让我们看到了重庆杂技团在探寻以极限的身体技艺进行舞台叙事方面所付出的满腔热忱与极大努力,以及杂技剧这一跨界融合剧种的发展空间。

从杂技到杂技剧,用杂技的方式创造戏剧情境、进行情节叙事,是非常具有挑战性的。

戏剧的核心要素是舞台叙事,是通过演员在舞台上扮演的角色,来营造一种情境、讲述一个故事，还要通过这个故事将情感、价值观或思想传递给舞台下的观众。按照著名戏剧导演罗锦鳞先生的说法，戏剧是“活人表演给活人看的艺术”。戏剧舞台表演可采取的艺术形式当然是多种多样的，而多数戏剧样式，如话剧、戏曲、歌剧、音乐剧等，都是以有声语言来作为主要的舞台叙事手段，因为无论是说出来的还是唱出来的，语言叙事都是最直接、明确地实现演员与观众沟通的手段。当然，在不使用语言叙事的戏剧样式中，我们依然能看到不少舞台叙事清晰、戏剧结构圆融、充满戏剧张力和舞台魅力并且动人心魄的作品，比如西班牙经典默剧《安德鲁与多莉尼》和上海歌舞团舞剧《永不消逝的电波》。前者在“一言不发”的基础上甚至还让演员戴上了丝毫不能体现表情的面具，三个演员仅靠肢体动作的表演就完成了一对老人挚爱一生的故事，并收获了全世界无数观众的笑声与泪水。后者则打破了人们对舞蹈“长于抒情、拙于叙事”的刻板印象，剥茧抽丝，以一个紧张、跌宕的谍战故事传达出“长河无声奔去，唯爱与信念永存”的主旨，吸引了无数观众走进剧场。其实，舞剧也好，默剧也好，这些优秀作品的共同之处都是在有声语言之外找到了适宜舞台叙事、能够准确传达意义的艺术表现手段。

那么，同样没有语言的杂技演出是否能够准确传达意义呢？当然也是可以的。比如魔术演员、小丑等通过夸张的动作、手势、眼神等不但可以准确传达意义，也可以很好地与观众互动。而就杂技技艺本身而言，极限的身体技巧本就是杂技训练追求的目标，对观众而言，杂技的意义就是演员的一次次挑战极限的身体技巧展示，而非以其为符号，承载其他的内涵价值或意义。由此构成了杂技与戏剧之间最大的龃龉。比如，语言作为符号，其能指、所指关系是一一对应的；舞蹈的基本语汇、戏曲中的程式也都具有符号性的特征，它们在意义上都是有所指的，这些语汇、程式我们都可以将之视为有意义的片段，将这些有意义的片段贯通起来，就可以形成基本的叙事结构。因此，就杂技剧而言，它首先要突破的就是赋予杂技技艺基于剧情需要的内涵与意义；其次是实现众多杂技类别、技巧动作统一于剧情之下的有意识、有选择的应用与联系。

为了实现从杂技到杂技剧的突破，杂技剧《一双绣花鞋》在剧本改编与舞台呈现两个方面都做出了非常认真的考量并付出了极大的努力。

从剧本来看，该剧在尊重原著和电影基本情节的基础上有所改写。小说《一双绣花鞋》与电影《雾都茫茫》中的故事，是分两个时间段叙述的。一个是重庆解放初期的顺时记述：从“老更夫深夜被杀，一双绣花鞋出现”这个著名的画面开始，沈兰等公安人员在侦破此案过程中发现了特务分子继续执行破坏山城的C3计划，经过侦查，沈兰等人搜寻到炸药并抓获潜伏特务；另一个时间段是重庆解放前，以插叙的方式进行：看到C3计划，沈兰回忆起重庆解放前夕自己打入特务头子林南轩家中获取机密文件“C3计划”的往事……

杂技剧剧本改写了故事的部分情节，将故事重心调整为沈南与朱玉娟潜伏在林南轩家获取机密文件，获悉破坏山城的C3计划，并及时找到特务在电厂安置的炸药，沈南在拆除炸药的过程中英勇牺牲。改写的剧情综合了原著中两个时间段的情节，削减了侦破情节及相关人物，使故事集中于沈南、朱玉娟、林晶、陈福四人关系与反特斗争。最重要的是将整个故事调整为线性叙事——从老更夫深夜被杀、C3计划露出端倪、敌特安装在电厂的炸药包即将被引爆开始，以公安战士反特追凶72小时倒计时的方式展开叙事。如果不是考虑到"绣花鞋"的IP影响力，恐怕这部剧被命名为"山城72小时"也是非常恰当的。时间上的线性叙事与简化情节、集中矛盾的剧情设置很好地降低了杂技剧的叙事难度，同时为全剧营造了紧张神秘、危机四伏的氛围，为杂技演出的呈现提供了足够的腾挪空间。

舞台创作则依托杂技以极限身体技能及其组合所呈现出的独特魅力，带给观众前所未有的观剧体验。

首先，是无与伦比的场景渲染。剧中出现了几次大型的场景，都给人留下颇为深刻的印象。如"电厂庆典"这一场，着力营造了胜利、喜悦、热闹、欢庆的气氛，高车顶碗、车技、晃管、跳板、手技、抖杠等精彩的杂技竞相亮相，欢庆的场景与精彩的表演相得益彰。"林宅宴会"，表面同样是个热闹欢愉的场景，身着华服的美女风姿绰约、觥筹交错，中间穿插的魔术表演为宴会增加了不少意趣，却是暗流涌动，公安战士与敌特人员（黑衣人）的斗争一触即发。以对手技巧、大桌滚环来表达敌我斗争是非常恰当的，特别是大桌滚环，一边是伏于桌面安稳不动的公安人员，一边是伴着大桌侧滚不断从桌底甩出的黑衣人，非常写意地将公安的英勇呈现出来。具有异曲同工效果的还有以廊桥飞人的技巧表现敌我之间激烈的打斗。剧中主人公沈南为拆除炸药而牺牲，深爱他的朱玉娟伤心不已，其后以绸吊的形式追忆两人的爱情，男女主人公在空中牵引红绸、翩翩起舞，场景大气唯美。剧终时，360度环形剧场上，地面鲜花盛开，空中飞舞的公安挥舞着旗帜，红旗招展，营造出如魔法世界般的神奇场景，这是其他任何舞台形式都不能企及的。

其次，是意想不到的特技效果。比如剧中对潜入林宅卧底的朱玉娟身份变化的处理，是采用魔术的手法，黑布掀开，革命女战士就化身为林宅女仆，这种艺术手段是非常有魅力的。又如使用吊环表现特务之间的内斗、处决，透出极诡异、阴森之感。而通过跑酷、滚环等方式表现公安战士追踪特务的场景，特别是战士们以跳圈的技巧破窗而出的画面，更使观众有如身临其境。连战士们拆除炸药包都可以从地面翻腾到上天下地，这些有如电影特技一样的表演如此真实且立体地呈现在观众面前，带给观众的体验是空前震撼和新奇的，值得观众们一阵又一阵热烈的掌声。

观众的掌声是对这部充满诚意的剧作和杂技演员高超技艺所回报的诚挚敬意，但不得不说，在观众充满敬意的掌声之外，要成为一部让观众看得明白、获得更多观众共情与感动的杂技剧，在完善戏剧结构与情节叙事方面，该剧仍有较大的上升空间。这包括：

第一，赋予舞台技艺、舞台形象凝练而鲜明的意义。比如剧中以影像、实物等形式多次出现了"绣花鞋"的形象，但没有清晰呈现"绣花鞋"与人物、案件之间的关系。原著中的"绣花鞋"其实指代的就是林晶的特务身份，在此剧中绣花鞋原有的意义被瓦解，新的意义却并未建立或被架空，反而会引起观众的诸多不解与猜测。又如剧中一段舒缓的充满母性意味的舞蹈（或是使用了蹬技），以及尾声中的蹬伞，纵然技艺精湛，场景唯美，但在本剧中的意义不甚了了，实是于剧情无益的。

第二，精简过于复杂的画面，技艺展示宜突出重点。以“电厂庆典”场景为例，舞台上一度有多种杂技技巧同时展示，使人眼花缭乱，一些处于舞台后方的技艺展示甚至淹没于画面当中。戏曲中的武戏同样重视技巧展示，在技巧服务于剧情的基础上，如何更好地将其呈现也是值得思量的问题。如川剧《白蛇传·水漫金山》中白蛇与法海两大阵营轮流斗法，特别是“耍人”与“变脸”两项川剧绝技同台时，以锣鼓点为提示，一方动则另一方静，使舞台上呈现此起彼伏的特技表演，两者皆不会喧宾夺主，反而各美其美，值得借鉴。

第三，注意舞台细节与剧情的吻合。“电厂庆典”场景非常热闹，不过仔细看来，车技展示演员身着民国时期女学生服装，初上场时手中挥舞报纸，让人误以为是报童；再加上穿梭于人群中挑担、卖香烟的小贩，这个场景很容易使人误解为民国时期的巴渝茶馆，而非剧中提示的重庆解放初期电厂庆祝解放的活动。又如“林宅宴会”场景中出现的迪斯科动感舞姿的群舞也使人有穿越、出戏之感。

作为一名多次观看过重庆杂技团演出的观众，我认为其拿手节目“极限欢乐秀”以及车技、蹬伞等绝技皆使人过目难忘、津津乐道。对于杂技剧《一双绣花鞋》，我更愿意将其作为戏剧看待，而非传统杂技表演借助戏剧外壳的升级演出。我相信突破将带来更大空间，当杂技剧《一双绣花鞋》在精益求精中不断臻于完善，成为一部充满独特魅力的戏剧作品时，其所成就的不仅是在杂技舞台上讲好一个故事，同时也必将为杂技技艺的创新发展拓展出新的可能。

## 把《一双绣花鞋》文化IP用好

远春（重庆市文化和旅游研究院）：

一听说重庆杂技团要用杂技来演《一双绣花鞋》，重庆观众坐不住了。2021年6月15日之后的一周时间，重庆南滨路国际马戏城人声鼎沸，场场爆满。杂技团是重庆最火爆的专业文艺院团之一，每每有新剧节目登场，就备受市民关注，杂技团自己就是自己的活广告。而《一双绣花鞋》，则已经火了好几十年。新中国成立之后，况浩文的小说《一双绣花鞋》曾在重庆坊间争相传抄、传阅，轰动全城。这本“惊悚”“悬疑”的“反特谍战”奇书，在特殊的年代给了重庆人以特殊精神慰藉，几十年来，这个作品沉淀了岁月的况味，越发悠远的距离感产生出神秘感。在人们对重庆的山垭、老街巷、市井、山间江畔旧舍、长江嘉陵江云岚舒卷的审美想象中，《一双绣花鞋》深刻地融入了城市文化，成为重庆地域的经典文化IP。小说、电影、电视剧用各种艺术语汇将它言说，炒火了这个IP；而它的“神秘”和“魅惑”，在被以各种形式一波一波传播、渲染和建造的同时，变得更加令人难以抗拒。20世纪50、60年代出生的人，对“一双绣花鞋”充满着感情；而他们的80后、90后子女也想对这个新的“杂技”剧目一睹为快。

事实上，利用地域文化IP来制作舞台剧，在当下是一股不小的潮流。和重庆的杂技剧《一双绣花鞋》相似，上海的舞剧《永不消逝的电波》和杂技剧《战上海》，成都的舞剧《努力餐》等，都是革命历史题材剧目。到目前,《永不消逝的电波》和《努力餐》都取得了不错的票房效益和社会影响力,有如此佳绩,除了艺术形式的至臻至美外,还因为它们都抓住了地域文化这个宝贝。《永不消逝的电波》写尽了上海女人旗袍的风情万种,推开弄堂的门,打开亭子间的窗,老上海的市井生活承包了21世纪当代文艺青年的文艺梦想。它准确地抓住了上海文化的精致、开放、摩登、市井、豪华等特点,把革命故事做成了舞蹈与海派地域文化的饕餮盛宴。成都的《努力餐》取材于20世纪30年代,革命烈士车耀先在成都创办的针对贫苦大众就餐的"努力餐"餐馆。成都美食代表着一种闲适自由的生活情调,这种爱"游乐",善品味生活的文化调性,在"努力餐"IP的裹挟下,成功地实现了在舞台上的华丽转身。这两个作品,都是合理运用和表达地域文化IP的成功之作。舞蹈和杂技,都是具有独特技巧形式的舞台艺术样式,它们的形式美感和艺术语汇体系都是不同于经典的"剧"的,两者在文化提炼、文本创作、舞台叙事策略等方面,都有不少相似性。我认为,《一双绣花鞋》和《永不消逝的电波》《努力餐》一样,都准确地抓住了具有本土地域特性的文化IP。正如我在文章开头写到的,"惊悚""悬疑"的《一双绣花鞋》捕获了观众的猎奇心理。在革命历史的大背景下,重庆城曾一度被笼罩在恐怖的浓雾中,观众们带着对城市文化深度窥秘的审美预期,期待着杂技剧《一双绣花鞋》的精神之旅。

文化IP不仅是一个商标,一则招揽顾客的广告,更是有一个有内核和周边的文化选题。它是与观众有精神与情感共鸣基础的可生长资源。

我认为,在决定将《一双绣花鞋》与杂技嫁接的时候,主创团队一定思考了这个文化IP的内核与周边。首先,"一双绣花鞋"最初是以小说的形式呈现于世的,这是一个充满了"奇特性""神秘感""魅惑性"的小说世界,这个小说不是抒情小说,而是具有跌宕起伏情节性的"反敌特"小说。它的审美内核,一是悬疑性,二是神秘感,而支撑它的,主要是精巧的叙事技巧,以及制造冲突、矛盾、张力的戏剧构思。之后,当被众多艺术形式反复表现之后,它渐渐褪去了小说的外衣,成为一个具有重庆地域特色的题材。而它的特性已经形成:《一双绣花鞋》IP的内核,实际上是一个"悬疑、奇特和神秘"的文艺符号。而它的周边则是地域文化、革命、爱情、谍战等。我相信,几乎每一位走进剧场来观看杂技剧《一双绣花鞋》的观众,心中都有一个"猎奇"的梦,这是他们真正的期待视野所在。

其次,我们再来谈杂技这个舞台艺术形式。"杂技"一词,是1950年中国杂技团成立时,由周恩来总理定名的。杂技特指演员靠自己身体技巧完成一系列高难动作的表演性节目。杂技的核心是技术表演,它的最大价值就是追求技巧的高难度和表演的精彩以及激烈性。这和我们"以歌舞演故事"的戏曲,和以表现"冲突"和"人物"为核心的现代戏剧都是有根本不同的。2004年,广州军区政治部战士杂技团推出的《天鹅湖》,堪称中国第一部杂技剧。这种艺术形式只有不到20年发展时间。近年来,各地区的杂技院团也在不断探索杂技剧的艺术形式,例如甘肃省杂技团的《敦煌神女》、山东省济宁市杂技团的《汉风·百戏》、重庆杂技团的《红舞鞋》、南京市文投集团下属演艺集团杂技团的《渡江侦察记》、南京市杂技团的《桥》、江苏省杂技团的《芦苇青青菜花黄》、上海杂技团与上海市马戏学校联合创作的《战上海》等。在这些作品的打造过程中,大家不约而同地遇到一个难题:杂技如何讲故事？杂技不擅长叙事，不擅长表现戏剧冲突，是阻碍杂技走向戏剧的关键问题。

这也是今天的文化IP《一双绣花鞋》与杂技嫁接时所遇到的困惑。下面提出三个问题，供大家思考、讨论。

第一，杂技剧《一双绣花鞋》是否需要像小说那样复杂叙事？

目前的问题是，本剧的导演用了一种最直接的方式，把小说情节，或者被改编过的小说情节，直接以杂技来表达，而以技当先的杂技并不能完成情节的表达任务，因此只好借助于舞蹈、肢体语言或舞台调度来完成。因此，不少观众都觉得，这个戏的确很“杂”，繁复的舞台调度和演员表达，有时候甚至掩盖了杂技技术的光芒。这个剧必须要以复杂的人物关系和情节冲突来取胜吗？可能也不尽然。前面我们谈到，《一双绣花鞋》的文化IP在长时间传演过程中，实际上已经成为了一个“悬疑、奇特和神秘”的文化符号。只要表达好这个符号，采用什么舞台形式，其实并不重要。悬疑并不一定意味着复杂的叙事和情节，但悬疑一定要有“悬念”。我们是否可以考虑放弃复杂的小说叙事，而把这个故事变成一个有“悬念”的简单故事。其实，编一个简单的故事是比较重要的。这次演出结束后，一些观众，特别是那些对《一双绣花鞋》的故事背景不了解的年轻观众，不能很好地看懂全剧，究其原因，还是杂技不擅长讲故事，而故事情节稍微复杂，在台上不讲话的杂技演员就无法准确地表现人物关系和情节的推动方向。

第二，我们可以创新这个文化IP的审美方式吗？

值得赞扬的是，这个杂技剧突破了《一双绣花鞋》文化IP的“悬疑、奇特和神秘”审美指向，把它的意象做得本土又时尚，丰富又唯美。整个剧的节奏是明快轻盈的，满场皆是年轻美丽的面孔。这个节奏感，一方面是戏剧表演、舞台调度和杂技表演的节奏感，另一方面也是音乐的节奏感。前半场，在描绘重庆市井生活场面时，用的是《黄杨扁担》的音乐主题；而后半场，在反复渲染男主角沈南和女主角朱玉娟的悲壮革命爱情时，则用了经典巴渝民间音乐《槐花几时开》。这样的舞台节奏，让人赏心悦目，轻松欢快。而同时，我也想提出一点建议，突破单纯的“悬疑和神秘”是正确的做法，但是坚持把“悬疑”做到极致，或许会让剧更精彩。现在的情况是，在全剧的开头，深色的底幕上悠悠地晃动着很多“绣花鞋”，渲染着一种恐怖、神秘的意味，深夜的打更声，血腥的屠杀，都无疑为这种恐怖加分。此时，观众们的心已经悬了起来，疑了起来，剧情就该抓住时机，深入幽暗的谍战世界。然而此时，剧场突然画风一转，LED底幕上打出“隆重庆祝中华人民共和国成立”的字样，并配以锣鼓喧天。这样的呈现方式把悬疑的戏剧氛围完全冲淡了。这个戏应该将“悬疑”的戏剧审美气质坚持到底，因为它是《一双绣花鞋》文化IP在观众心中最重要的一部分。此外，《黄杨扁担》和《槐花几时开》的音乐主题贯穿全剧是本剧的亮点。而如果仔细推敲起来，还是有需要再斟酌的地方，比如，《黄杨扁担》是秀山土家族民歌，这个音乐元素确有名气，但用它来表现都市的市井生活有些不大合适。我觉得音乐家们尽可能大胆一些，结合流传于重庆城市的民间歌谣，创作新的音乐主题。

第三，杂技剧是否也应当以“技”为中心？

我觉得这一点是确凿无疑的。以“技”为中心并不会影响主题表达的戏剧力量，反而会让杂技的技术成为烘托戏剧高潮的杀手锏。现在的问题是，杂技和戏的贴合度有限，杂技的高潮没有成为戏剧情节的高潮和情绪的高潮。

我们都知道，每个杂技团都有自己的优势项目，开发和训练一个项目都需要花很多人力和时间，是很不容易的。我们在重庆杂技团的“极限秀”等演出中，曾经看到这些精彩的演出，例如高车、车技、晃管、跳板、手技、抖杠、跑酷、大桌滚环、单手倒立、浪桥飞人、绸吊、蹬伞等。这些艺术存量，就是我们打造今天杂技剧的基本资源。我认为杂技剧的创造首先应该从考察剧团的特色优势项目开始。要有的放矢地把这些技巧融入剧情，让技巧成为推动剧情、表现人物和引导戏剧高潮的力量。在创造戏剧的时候充分地考虑到杂技的形式性，才有可能让杂技技术和剧情贴合得更紧。其实，现在剧中已经有这样的做法，比如，众多解放军战士跳到高处去拆除炸药，这里掀起了一个情绪的小高潮；最后沈南升到空中，取到炸药，而后爆炸。如果在这里这样设计：沈南是起跳的众多解放军战士之一，最后他因为完成了一个更加惊心动魄的特技，而拆取了炸药，任务就完成了。这样于剧情高潮的引爆，是否更有助益？这就如同一个王子要去救钢丝另一端的公主，他随时都有可能掉下去，但是他一定要走到钢丝的另一端，如果走不过去，公主就救不到了。杂技本身的惊险，就成了戏剧悬念。

当然，还有另一种让技巧和剧情贴合的方式。就是根据已经写好的剧本，结合情节的表达需要，开发出能表达这些剧情的新的杂技技术。这样一来，杂技剧的制作成本和所耗费时间就会比现在高很多。

本剧情节的营造事实上是很惊心动魄的。但是，在呈现中难以推动戏剧高潮。我觉得音乐是一个很大的问题。因为所有表演过程都卡死在音乐节奏中，而有一些高难度技巧却需要演员在反复尝试中完成，但是在很多时候，音乐节奏和旋律长短都是固定的，这就限制了演员的自由发挥，为了让杂技表演追上剧情，有时甚至放弃了一些高难度特技。这就是这个杂技剧的精彩程度远远比不上“极限秀”的原因。我们知道，杂技团在草创之时，其实是使用民乐做现场伴奏的。20世纪50年代，随着重庆杂技团的建立和发展、壮大，作为杂技团演出伴奏形式的重庆民族乐团才得以始成雏形。就像戏曲一样，现场演奏的民乐是完全为演出量身定制的，可以随着杂技演出的需要停顿或调整节奏，这样一来，音乐就可以完全为杂技技术服务，并使得演员高超的技术有着更大的发挥空间，这样才能使杂技呈现出其应有的精彩，并且让杂技成为推动戏剧高潮的最大力量。我在这里并不是要否定目前普遍存在的录音播放音乐的方式，而是希望杂技剧音乐在制作和现场播放的过程中，更加考虑杂技演出的特殊性，做得更考究、更细致、更精良。现场的音乐伴奏有时候需要停下来，让演员去飞翔。别让紧锣密鼓、贯穿到底的音乐节奏，夺走了杂技技术发挥的空间。尊重杂技“技”的本身，并不是文化IP让位于技术，而是让技术发挥得更极致，更大程度地烘托IP的文化魅力。

怎样让《一双绣花鞋》的文化IP在杂技剧中大显身手？我觉得就是一句话：围绕“悬疑”和“美”

的核心，写一个单纯简单的悬疑故事；给杂技留出时间和空间，让舞台元素服务于杂技技巧的呈现；剧情和技巧交织互融，成为艺术整体。

## 杂技剧《一双绣花鞋》的表达与观众接受

吕霖枫（重庆市文化和旅游研究院）：

《一双绣花鞋》是由重庆杂技团打造的一部红色题材杂技剧，该剧作为重庆市庆祝中国共产党成立100周年暨党史学习教育展演巡演优秀舞台剧目，取材于同名小说《一双绣花鞋》，主要以重庆解放初期重庆地下党反特故事为主线，以精湛的杂技技艺、酷炫的视听元素，给观众带来一场视听盛宴。

重庆杂技团对待艺术是十分用心的，无论是细节上的处理，还是整体的舞台调度，乃至舞台元素的运用，可以看出来杂技团编创人员是想了很多办法和招数的。比如，把女主人公的红围巾幻化成空中的丝带，男女主人公身系丝带在空中盘旋、飞舞。这一个舞台元素的运用，把舞台道具意象化，把情感表达意象化，把舞台美术和杂技技艺结合在一起，具有很强的创意性。再如，双人用脚在空中舞蹈的部分，编创人员用精妙的编排和丰富的舞蹈语汇，并借鉴了杂技技艺，表达了“母爱”这样一个宏大的主题。尤其是用脚来模拟母亲拥抱孩子，模拟母亲哄孩子睡觉等动作，惟妙惟肖。这两个细节足以说明，重庆杂技团对待艺术是十分用心的，也是十分认真的。杂技剧这种特殊的舞台艺术形式，有其局限性，难免会存在一定的问题，但杂技团敢于创新、勇于创新的精神值得推崇！笔者对杂技是个门外汉，所以仅就一些学理上的问题进行讨论。

### 一、文化IP和前理解对杂技剧的重要性

《一双绣花鞋》本身作为文化IP，在川渝地区具有一定的影响力。杂技团为什么会选择这个文化IP作为创作主题？笔者认为，大概有以下几个原因：第一，《一双绣花鞋》是重庆本土故事，能够在剧中展现重庆文化；第二，该剧以重庆解放为大背景，能够真情演绎出中国共产党波澜壮阔的历史征程，为建党100周年献礼；第三，作为杂技剧，选择文化IP作为创作对象，能够更容易让观众理解剧情。笔者仅就第三点，简单谈下自己的看法。

杂技剧和舞剧有相同的地方，相同之处在于借助于肢体语言来叙事。话剧、戏曲则不同，主要依靠言语来表达。肢体语言有多义性，所以很容易出现演员表达和观众接受达不到一致，直白点说就是，观众看不懂。举个例子，在杂技剧《一双绣花鞋》的空中飞人段落中，编创人员想要表达解除炸弹很难，尝试了很久，最后终于摘下了炸弹。但是，很多观众不明白该段落是什么意思，只是觉得好玩。造成这个问题的原因就是肢体语言具有多义性。

相反，人的言语是有具体指向的，说者和听者能够达成一致。如果空中飞人段落加一句台词，那

么表达和接受的问题就不存在了。但是,杂技本体是肢体语言,如果用台词表达,就会弱化杂技作为主体的意义,甚至变成了“话剧+杂技”,这样就把杂技本体给伤害了。杂技团选择了不用借助于人的言语表达,完全靠肢体语言叙事,这是很困难的一条路。

如果采用肢体语言,完全摒弃言语,那么在题材选择上用大家所熟知的文化IP,能够帮助观众理解剧情。《永不消逝的电波》作为肢体语言剧的典型成功案例,也采用了大家熟知的文化IP,就足以说明这一点。同时,文化IP必须和前理解结合起来。什么是前理解?前理解又称“前意识”,是对某种观念、事物在新的理解之前所具有的自我解释状态。人的知识和经验对理解的影响和作用显而易见。知识和经验越丰富,对文本的理解相对也就越容易。《一双绣花鞋》作为文化IP可谓是家喻户晓,但是在文本的前理解上,笔者认为还存在一定问题。在很多观众的脑海中,“一双绣花鞋”只是一个抽象的符号,对于故事发生的背景、故事的来龙去脉还不是很清楚,所以就存在表达与接受上的问题。

那么,这就要求营销人员在节目册、线下产品、宣传页、视频广告等方面下功夫,让观众能够对其有一定的了解,帮助观众理解,才能引起共鸣。

## 二、杂技剧的叙事体量和方式以及杂技和剧的关系

杂技剧以肢体语言叙事,就决定了它不可能完成复杂的叙事。我们可以从舞剧当中得到一定的经验,一般成功的舞剧都是以单线叙事为主,很少用平行、交叉叙事。舞剧改编自其他舞台艺术,一般会弱化、简化叙事,以适合舞剧的艺术形式。同样,杂技剧也不可能用太复杂的故事作为创作对象。

杂技剧和舞剧的不同在于,杂技需要一定的展示空间和时间。虽然舞剧有时候也需要展示舞蹈动作,但比起杂技剧来说,舞蹈展示需要的时长短、空间小、难度小。笔者认为,杂技剧的艺术形式决定了其叙事的体量和叙事方式。编创者首先应该尽量选取简单的故事,或者把复杂的故事简单化,其次尽量采用单线叙事,剪掉枝蔓,让叙事主干突出出来,让观众更容易理解。

此外,杂技剧和舞剧不同的是观看距离和角度不同。杂技剧需要全方位的展示,需要复杂的技术支撑,就需要改变传统的舞台形式。所以,一般采用180度半环形的舞台,这样就打破了第四堵墙的限制。还有,杂技的观演距离比传统镜框舞台要远很多。观演关系的改变,也要求艺术形式必须改变。首先就是,演员不能太多,而且要有辨识度,否则很难区分清楚,更别说看懂了。其次,180度的舞台失去了上下场口,就要求必须处理好演员上下场的调度。当然,这并不是缺陷,反而能够给演剧带来更大的发挥空间和创新空间。

杂技剧是以剧为核心,还是以杂技为核心?如果以杂技为核心,那么不如直接演杂技,何苦费尽心思编剧呢?如果以剧为核心,那么杂技就变成了剧中穿插杂耍,不伦不类。笔者认为,杂技剧应该是以杂技和剧的结合为中心,侧重于任何一方都会四不像。任何杂技的表演都是剧情的需要,任何

剧情都以杂技形式呈现，做到这两点这部剧就成功了。

“川剧变脸”给我们提供了借鉴意义。在川剧中，“变脸”必须符合剧情的需要，如果为了“变脸”而“变脸”，那么这个戏剧动作就是无意义的，就是炫技。川剧中还有很多特技，比如“滚灯”“倒硬人”“吐火”等，无一例外，所有的特技都是为剧情服务的。纵观其他艺术门类，电影中的特效运用，美术当中的特殊技法，舞蹈当中的高难度动作等，这些都是服务于艺术本体的，都是和整体的艺术形式相辅相成的，一味突出艺术的难度和观赏性、猎奇性，艺术品位就变得低俗了。

综上所述，杂技剧在叙事上有其限制性，不能高估杂技剧的叙事功能，应该选择适当的故事体量、适当的复杂程度，控制演员阵容，鲜明人物形象，让剧和杂技能够结合起来。

## 三、符号与叙事的结合问题

《一双绣花鞋》中运用了大量的符号元素，有重庆地域特色的文化符号，有鲜明的红色革命符号，有敌特斗争中的典型服饰，还有影视悬疑剧类型符号。该剧融入了大量的符号元素，但需要解决几个问题。首先，这些符号有没有确切的指向意义？其功能是什么？其次，如何把这些符号有效组织起来，形成一部内容和形式统一的艺术作品？

符号必须具有确切的指向意义，否则就应该舍弃。一个符号如果没有确切的指向意义，反而会增加歧义，让观众看得云里雾里，不明所以。此外，符号必须在剧中承载某种功能或意义，否则符号就变成了纯粹性展示。这和戏剧是一个道理，就像戏剧中所说的那样，如果墙上挂了一支剑，从始至终这把剑都没派上用场，那么这把剑就应该去掉。

剧中存在大量的符号，但是有一些符号，它的指向意义并不明确，甚至有时候不承载具体的功能，只是作为一种戏剧展示。笔者认为，在该剧的打磨上，应该把剧中的符号再次梳理下，不必要的符号可以舍弃。剧中，有的符号就运用得很好。前文中所说的“红围巾”这个符号，最后化为红丝带，成为两个人感情的承载和联系，实现了情感的意象化表达。编创者们应该对更多的符号进行创新运用，把剧情、杂技、符号三者结合在一起。

一部剧充斥了大量的符号，很容易导致剧情变得零散，甚至断裂。如何把这些符号融合在一起，才是解决这一问题的关键。杂技剧180度的舞台，以及开放式的舞台空间提供了符号融合的便利。杂技剧应该充分利用舞台的纵深空间、垂直空间，以及观众席的表演空间，多方位、多角度、立体化地把多种符号融合到统一场景中，而非采用幕起幕落的形式刻意展现。当然，编创者们在剧中采用了很多舞台调度的手法，比如垂直升降、索道滑轨等方式，增加了舞台调度的丰富性和视觉性，但是在符号的融合上可能还需要精雕细琢，有效组织。

听觉符号和视觉符号同样重要，杂技剧作为综合性的舞台艺术，对于听觉的要求同样需要重视。在剧中，使用了大量的视觉符号，可谓是一场视觉盛宴，但是忽略了听觉符号的运用。

听觉符号不仅可以传达某种特殊含义，同时也能够承担叙事性的功能。如果忽略了听觉符号的运用，那么在叙事上就损失了一大块空间。现在，杂技团基本没有自己的乐队，所以就不能根据杂技的动作变化而调整音乐。杂技一般以现成的音乐作为伴奏，是固定的，而固定音乐导致杂技和音乐的关系不那么明显，音乐只在整体风格上和杂技一致就可以。那么，如何在剧中加入声音，就成为一个难题。

所以，剧中难免出现音乐和杂技、剧情不连贯的地方。这不仅是剧的问题，也是杂技音乐在当下如何发展的问题。杂技表演和固定音乐上的矛盾不是很明显，但是杂技剧对音乐要求较高，其和固定音乐的矛盾日渐凸显出来。所以，这也关系杂技剧未来的发展问题。

重庆杂技团敢于创新，敢于突破，这是值得肯定的。首先，在艺术创作上，他们没有简化表现方式，而是力求用肢体语言实现复杂叙事，这种精神是宝贵的。其次，在创作上他们下了很大的功夫，想了很多的办法，在很多段落上都很出彩。但是，一个艺术门类有其特有的艺术局限，杂技剧不可能承载一个内容量大、故事复杂、多头并进的复杂故事。杂技剧应当处理好剧情和杂技的关系，剧情和杂技不是以谁为主的问题，而是两者的结合。没有一个杂技不是为剧情服务的，没有一个剧情不能展示杂技技艺。杂技剧需要一个文化IP，这是其表达的局限导致的，但文化IP不是通用的，文化IP有时候也只是一个符号而已，如何能让观众对于文化IP有更为深刻的前理解，这就需要在营销上增加观众对它的了解。杂技剧必然会运用大众熟知的符号，因为这样才能帮助观众很快认识人物，理解剧情，但必须使符号能够融合在一起，不是为了展示而展示，符号必须承载某种功能或意义。杂技剧是综合性的舞台艺术，既要注重视觉符号，也应该注重听觉艺术，实现视听结合。如何解决当下杂技剧的音乐和声音特效，关乎着杂技剧的未来，关乎着杂技的发展。

### 从《一双绣花鞋》浅谈红色杂技剧的视觉创作与观演关系

徐丹(四川美术学院)：

看完重庆杂技团演出的《一双绣花鞋》，笔者说几句絮语杂感：近年来戏难做，更难评，难做是条件有所限，观众对审美的要求不断提高；难评是文辞易偏颇，创作与评论角度不一。既如此，我便站在相对容易达成共识的“视觉造型”以及红色戏剧的观演关系角度谈一些浅见，本文不属“评论”，只算记一个流水账，权做交流和探讨。

观演前，笔者一直在想：杂技剧如何将《一双绣花鞋》小说的文学属性付诸视觉表达？抑或一部反特题材的杂技剧如何解决艺术与技术的融合问题？一部带有红色主旋律的文旅杂技剧表演是否能解决重庆文旅演出奇缺的问题？当代杂技剧的创作方向是归于营造场面还是塑造角色？带着这些我不一定得到答案的思考，我走进西南地区最大的秀场——重庆国际马戏城。马戏城主体建筑由观众大厅、休息大厅、舞台、贵宾休息室、舞台技术用房、后台业务用房，以及咖啡、餐饮等配套服务设施组成。马戏城建成前后笔者两次过来考察，对剧场的设计和规划有一些了解，重庆近年来建设了不少剧场，但是马戏城剧场，确实摆脱了镜框式舞台的限制，整个剧场的运营、舞台技术的运用井然有序，灯光设备和杂技吊装技术借鉴了国内外一流演出的装备经验，剧场升降设施和威亚设备齐全，其多层的看台，可容纳1498名观众观看杂技、马术、魔术等表演。《一双绣花鞋》在剧场当中，尤其是演出中对舞台技术的使用频率很高，升降、旋转、移动一应俱全，增加了秀场的空间表现力，“剧场”这一场域演出什么样的剧目、如何与剧目结合、如何技术体现，都将使剧目产生非常重要的外延价值。

放眼全国的红色戏剧（也包括杂技剧与文旅实景剧目）创作，在视觉创作（包括舞台设计、灯光设计、人物造型等）上还存在“历史混杂”“千戏一面”“造型趋同”等问题，不能很好地为主旋律文艺创作发展提供支撑。在当代戏剧美学理论研究与舞台美术造型叙事的实际创作中，存在对红色文艺创作理论发展的歪解、误读；对实践创作模块化、流水线式的现象，迫切需要研究者、创作者树立坚持正确的历史观、民族观、国家观、文化观，发现和思考红色戏剧在新时代发展中存在的诸多问题，立足于正能量的结构性叙事，激发观者对主旋律红色视觉创作关注的热情，强化和拓展主旋律作品创作理念与艺术表现手法。杂技剧《一双绣花鞋》在红色主题的创作理念上勇于创新，将小说情节和杂技舞蹈融合，紧扣时代背景升华主题，为建党100周献礼。

言归正传，说说“视觉造型”。视觉是人类最重要的一种感觉。美国视觉文化理论先锋人物尼古拉斯·米尔佐夫认为“视觉文化是一种策略”。在当代，演出空间的“视觉造型”包含舞美设计、舞台灯光、人物造型、特效技术等内容。如果说普通戏剧演出中的“视觉造型”多集中于物理空间与心理空间的叙事，那杂技剧的“视觉造型”则属于生理感受上的体验，舞台幻境中的“奇观”——舞美设计，是演出秀场的承载空间。从视觉艺术的角度看，观众进入剧场的那一刻开始，被设计过的剧场气氛就开始发挥作用。杂技剧在这个层面来讲，应该是所有的演艺门类中尤为注重综合表现的艺术类型，舞台空间构成多元且富于变化。在《一双绣花鞋》的舞台中央，大片长条形的白色纱幕，填满了舞台前端的空间，一双绣花鞋作为投影左右摇摆，衬托出了恐怖气氛。剧目遵循了“一戏一格”的原则与创作体系，将“视觉造型”融入整体设计之中，控制写实与写意之间的比例，如此并非是简单地将写实与写意进行拼贴，而是运用写实元素进行系统的写意化处理，由此及彼，虚实相生，并通过重庆吊脚楼、山石梯坎等元素与多媒体视频特效和杂技特有的机械装置融合，使之成为与演员共同完成表演任务的载体。

笔者认为，《一双绣花鞋》在灯光的设计上突出了以下几个原则。一是“设计黑暗”，此时的黑暗不仅是在暗夜中找出空间的层次，用“黑”来体现光之画笔的价值，而且是着重渲染特务在重庆的暗杀与阴谋，在这两层“黑暗”的意义下，光线要突出主次与环境，同时根据杂技秀场的特点，突出色块的渲染，大开大合，渲染氛围，并通过“点、线、面”的光线递进来体现人与景、景与空间、空间与杂技之间的关系，让光线自由生长生发，成为叙事和人物表演的重要手段，为典型剧情的发展和表达追求的意念服务。二是“展现光明”，灯光设计充分尊重了杂技剧灯光的表演特点，注重表现而非写实，求新求变的意识和美轮美奂的光线与剧目充分结合，将“光明”融合成光色分层次推进剧情，光线中暗与明的有效互动，演绎了敌我双方的较量与暗战，烘托了场景氛围。在人物造型的设计上，《一双绣花鞋》在服装设计上既追求人物与角色的统一，又注重求服装设计与杂技表演的结合，全面考究了当时军队的服装样式，融合了杂技剧、舞剧、话剧的一些造型手段，为演出整体增色添彩。

《一双绣花鞋》正是立足于红色正能量的结构性叙事，激发创作者对主旋律红色杂技剧创作的兴趣与责任，尤其注重从视觉元素运用到空间布局的创作方法，将艺术创新与正能量内容统一表现，重新定义“红色杂技剧创作”的内涵。在这个层面上，一是以创新继承传统，“创新”即“继承”的组成部分，创新不是“自立门户”，不是“闭门造车”，是敢于立意、突破与辨析，找到不同戏曲剧种的文化差异和特点，以破而立，大胆革新；二是提炼山城重庆元素，坚持体验生活和采风，《一双绣花鞋》剧中的实际场景，创作者都深入实地考察，注重自身的实际体验和资料积累，提炼、融合相关元素；三是聆听时代声音，勤于思考剧本中提及的革命历史命题，在创作意识上秉承更加积极向上的价值观和思想内涵，坚持现实主义的创作方法，传播巴渝文化与主流价值，为人民与时代进行艺术创作。

诚然，本剧还有一些需要不断优化的空间和待调整完善的问题，笔者站在个人的角度总结有四：一是从叙事上讲，因为要将杂技融入剧目当中，表演杂技的过程会在很大程度上影响剧本的叙事节奏，每一幕场间都有剧情“十万火急”，表演“娓娓道来”的情况，这就会使观众忽略情节，容易在“碎片化”的杂技堆叠中，扰乱了自己的观剧节奏。二是开场中过多的绣花鞋元素模糊了开场设计的视觉语言，弱化了强调主体的意图。两边的吊脚楼形象未与伸出的圆形舞台融合，全剧没有将吊脚楼图片形成围绕圆形舞台转动的推拉样式，如此大型的舞台装置没有运动轨迹，也没有作为多媒体投影的载体，创作者不是试图呈现一个历史时代，让演员在其中“生活”，而是利用观众对重庆的印象，将“重庆元素”以背景和图解的方式进行呈现，稍显遗憾。三是服装设计套数很多，但太注重写实元素，虽然部分服装经过杂技化的艺术处理，但是形式和色彩不够统一，稍显错乱夹杂，形式和色彩难以统一，使得服装对角色的表现力有所欠缺，主角与配角区别不大。虽然创作者将红围巾作为主要角色的服装元素贯穿全剧进行使用，仍然无法从根本上帮助演员进行角色的塑造，就使得原本并不擅长表现角色的杂技剧，角色愈加模糊。四是特技和大型道具的使用中规中矩，应根据情节设计表演内容，而非本末倒置。部分杂技表演形式刻意融入剧情，导致表演和内容“两张皮”的现象，忽略了实际的剧情走向。虽然作品还有这样那样的一些问题，但瑕不掩瑜，杂技剧《一双绣花鞋》还是与时俱进地进行了创新和探索，给我们提供了一场视觉盛宴。这场盛宴，不仅追求“艺术的真实”与“历史的真实”的统一，而且积极开拓市场，找到了本剧的定位和方向，虽演出没有“不散的宴席”，但“宴席”过后不应当只有赞叹与评价，还应当有期盼和思考。

谨以此文祝贺杂技剧《一双绣花鞋》演出成功，越演越好！

## 追求杂技艺术的舞台意境——谈杂技剧《一双绣花鞋》

蒋长朋（重庆市文化和旅游研究院）：

《一双绣花鞋》是重庆杂技团以同名小说和电影文学历史故事为蓝本，以杂技艺术为主要表演形式而创作演出的杂技剧，讲述了重庆解放初期公安干警成功粉碎敌特分子撤离重庆时企图破坏山城的阴谋的故事。尽管小说《一双绣花鞋》曾在20世纪六七十年代风靡全国，但遗憾笔者读书不多，在观剧之前仅有耳闻，对该故事没有过多的了解。看完此剧以后，笔者对剧中的情节印象不深，脑海里留下的只有杂技演员精湛的技艺表演。笔者思考的一个问题是，当杂技演员们在艺术技巧上炉火纯青以后，如何才能用杂技艺术的语言讲好故事呢？

我们需要明确的是"杂技"，尤其是中国"杂技"，作为一种独立的表演艺术形式，它所具有的审美特征和艺术规定性。国际上通常把民间杂耍、戏法、魔术、马戏及驯兽等都称为"杂技"，而在我国，由于一些主客观因素制约，马戏、驯兽等大型表演项目往往很难开展，所以中国的"杂技"一般都局限在舞台表演，即"舞台杂技"。与欧美一些大型马戏团在巨大的马戏大棚里的表演相比，我国的杂技缺乏一种大众的积极参与和热闹喧哗的娱乐气息，反之却具有较高的技艺水准和审美欣赏价值。所以，正是从这个意义上讲，我国的杂技当属舞台表演艺术的一种。不过，与其他舞台表演艺术如戏剧、歌舞等，也有显著区别。例如，戏剧注重情节，展现尖锐的戏剧冲突，塑造典型的人物性格，而这些对于杂技艺术而言，显然是不擅长的方面。同时，杂技亦不需要从这些方面进行艺术拓展。但是，既然认为杂技属于表演艺术，那么它就应该具有一种与其他表演艺术乃至其他门类的艺术相通的基本内涵，而不仅仅是一种单纯技巧的串联与组合，它所具有的独特审美特征和艺术规定性应在保持这种基本内涵的前提下凸显其个性。因此，这样的艺术基本内涵就要求杂技艺术同样地要通过审美创造活动再现现实及表现人物情感与理想，在一种想象中完成审美主体对客观外物的强烈观照。也就是说，杂技艺术家必须在实现对物体（道具）和人体的彻底驾驭的基础上，去展示一种深沉而强烈的人文精神，让观众在对演员技艺表演的欣赏中受到无法回避的心灵震撼和情绪感染。这样，艺术便超越了它单纯的技艺层次，而传达出浓厚的整体艺术效果。正如苏珊·朗格所言："各种节奏性的、哑剧的、音乐的、杂技的、或其他因素……创造的是一个由有形的或无形的生命力组成的世界形象。"[1]

以上便是从理论的角度推导出的杂技艺术应具备的基本美学特征和艺术品格。事实上，重庆杂技团的艺术家们对单纯技艺的不满和超越，对舞台整体艺术效果的把握与追求，早在20世纪50年代就已开始。他们率先在国内杂技界提出"杂技艺术应该是技艺、表演、造型、舞美、音乐伴奏等视、听觉的和谐统一，有完美的艺术形象的综合性表演艺术"，随即邀请了话剧、歌舞、戏曲等方面颇有造诣的艺术家来团指导交流，致力于对旧的杂技表演形式的创新。这些大胆的举措，在当时的国内文艺界，特别是杂技界引起过不小的震动，也从实践效果上拓展了杂技艺术的表现空间。如《舞流星》《晃板跷碗》《顶技》等节目，坚持以技艺为基础，以编导为核心，强调立意与统筹，逐渐从各种技艺表演的程式中突破出来，以一种充沛的创作激情去统整各种艺术表现形式，传达出艺术家在驾驭道具与人体时所要抒发的某种人生理想。也就是说，优秀的杂技艺术作品，需要在编导的立意把握和全面调度下，以多种多样的艺术表现形式来完整地烘托出一个象征的精神空间，即营造一个特定的舞台意境。从这个角度来说，笔者认为《一双绣花鞋》虽然在努力追求这样的舞台意境，但从实际作品来看，还存在一些缺陷和不足。

艺术创作，“立主脑”，传达某种精神内涵总是最为根本的，杂技概莫能外，“并非要杂技像戏剧那样着力于人与事的矛盾冲突，或塑造典型环境中典型人物的精神内涵，而是在一种主题思想所组织的情境中，进行概括性的表现罢了，其目的在于突出表演中人的情感、精神、意志与理想等人性的美”[2]。这也就意味着，优秀的杂技节目总是通过展现客观图景（演员对道具和人体的驾驭，以及舞蹈、灯光、音乐等其他表现形式的调度）与抒发主观情感相融合而创造出特定的舞台意境。

这个特定的舞台意境可以是宽泛的，不太确切的，但其意义所指又总能与观众的心灵默然相契，欣然呼应。在《一双绣花鞋》中，这样的舞台意境在某些场景是有所呈现的。比如“电厂邂逅”一幕中的场景，“高车”“车技”“晃管”等高难度杂技节目和技巧，以群像相继展现在舞台上，既有剧中表现“热火朝天的小型庆祝活动”的意境，也具有开场时的“暖场”作用。又比如在一场追逐打斗戏中，演员纵身一跃，破门而出，接着又一跃而起，返身而回。就技巧而言，或许难度不大。但是，这个动作从传统的“钻火圈”化用而来，用在此处恰到好处，配合舞台灯光、音乐的烘托，追逐打斗时一种充满紧张感的舞台意境就营造了出来。类似这样的场景比比皆是，体现出编导和艺术家们在这些桥段设计上的良苦用心。但是，其问题就在于目前看来仅仅局限于挖掘单个节目的精神内涵，营造单个节目的舞台意境，在整体的连贯性上存在缺失，因此，一些观众表示对剧中情节“看不懂”。

究其原因，就是缺乏对剧目创作的基本立意的深度挖掘，缺乏对杂技作为一种表演艺术所应负载的主观创造精神和人生理想的理解。虽然运用了声、光、电、影等多种艺术表现形式，但是，这些表现形式作为一种手段或途径，起到的作用基本局限在单一的节目中，对整个剧目而言没有能够实现情感的释放与升华。所以，当把该剧作为一个整体来看时，这些表现形式仿佛是一种点缀，粘贴于原有的技艺表演之上。这也是该剧需要探讨的另一个问题：杂技如何叙事？尤其是这样的一个惊悚的、悬疑的谍战题材的杂技剧。

这里就要说到重庆杂技团载誉无数的杂技剧《花木兰》。该剧跳出历史故事、人物关系和情节交代的桎梏，从以交代剧情为主变为以表现花木兰的爱国精神为核心来贯穿全剧，为舞台上花木兰的行动线找到了依据。“在剧情的呈现上，克服了杂技在文学叙事、情节表现等方面的困难，大胆采用了现场解说，以最易理解和接受的表达方式来淡化情节、浓缩故事，让观众从复杂的故事情节中解放出来……在艺术门类的选择上，突破了以往就杂技剧演杂技的模式，把极具中国民族特色的变脸、中国功夫、舞蹈、皮影等融合在一起……在节目的编排上，把传统的节目打散重组，给节目和道具重新定位和安排，使每组技巧的表现形式、规模大小、时间长短符合剧情需要……”[3]因此，舞台上呈现的杂技技巧就不是单纯的技巧卖弄，也不是剧情的图解。观众不仅为演员的高难技巧而叫好，更为舞台上花木兰的爱国情怀而感动，艺术作品在此就焕发出了迷人的魅力。《花木兰》在杂技如何叙事问题上进行的有益探索，正是《一双绣花鞋》需要学习和借鉴的。当然，像《一双绣花鞋》这样一个复杂的故事，要用并不擅长叙事的杂技来表现，本身就非易事，纵然主创们在实践和摸索中还有一些不足，但他们一直是在用坚定而执着的步伐，使杂技艺术朝着追求舞台意境、抒发人生理想的方向一步一步地靠近。

**参考文献：**

[1] [美]苏珊·朗格.情感与形式[M].刘大基，译.北京：中国社会科学出版社，1986.

[2] 唐莹.杂技：超常的艺术[M].北京：中国文联出版公司，1991.

[3] 亦勋.看杂技剧《花木兰》如何“走出去”[N].人民日报(海外版)，2012-12-05(8).

# 光辉闪耀抗建堂
## ——经典抗战话剧排演工程学术研讨会议专家发言及评论集萃

编者按：

2021年4月5日，中共重庆市委宣传部、重庆市文化和旅游发展委员会在抗建堂召开了“光辉闪耀抗建堂——经典抗战话剧排演工程学术研讨会议”。中国话剧协会主席蔺永钧，重庆市文化和旅游发展委员会党委书记、主任刘旗出席会议并讲话，会议由重庆市文化和旅游发展委员会副主任江卫宁主持。重庆市戏剧家协会原主席申列荣介绍了重庆市抗战戏剧保护和利用工作的推进情况，重庆市话剧院原院长、中国话剧发展黄金岁月历史陈列策展人陈家昆介绍了重庆市抗战戏剧博物馆的筹建过程，重庆市话剧院院长张剑就“光辉闪耀抗建堂——经典抗战话剧排演工程”进行了说明，中央戏剧学院戏剧文学系主任彭涛代表中央戏剧学院宣读贺信，来自全国各地的近20位专家学者出席会议，就经典抗战话剧排演工程的战略意义、文化意义及实施路径等做了主旨发言。现将与会专家的发言及评论整理编发(以发言顺序为序)。

马也(中国艺术研究院戏曲研究所研究员)：

中国抗战戏剧的经典在重庆。抗战时期，是中国戏剧发展的一个高峰时期，和黄金时代。抗战戏剧是非常宝贵的历史文化遗产，我认为这不只是保护问题和传承问题，抗战戏剧仍然活在当下，时至今日，它依然有生命力，它并没有过时。在这里我要向重庆市委宣传部、文旅委和话剧院的领导高瞻远瞩地启动“光辉闪耀抗建堂——经典抗战话剧排演工程”这个项目表达敬意。像这样的文化项目也代表了一个城市的发展战略。一个城市不能只有高架桥和高楼大厦等，而忽视了文化底蕴的积淀与培养，否则这个城市就无根无锚，缺少灵魂，影响城市的品质和长远发展。这就跟我们说一个城市如果没有博物馆，那么这座城市就失去了灵魂一样。这就是戏剧文化等精神文化资源的作用。抗建堂经典抗战话剧绝不仅仅是重庆的地方文化、地域文化的重要代表，也是我们民族、我们国家、我们人类的宝贵历史文化资源。

抗建堂经典抗战话剧系列是“二战”时期的经典作品，是战争文化的重要组成部分。从人类戏剧史来说，中国抗战戏剧是非常浓墨重彩的一笔。重庆保存了相当大一部分此类文化资源。抗战戏剧系列具有很强的生命力和生成性，我们应当大力鼓励广大文艺创作者围绕抗战生活，深入挖掘抗战文化资源，创作出更多的精品力作。在这一方面，重庆大有可为。

抗建堂经典抗战话剧系列作为中国戏剧发展的一个高峰，是重庆文化艺术的财富，是重庆的文化品牌。重庆要实现更好的发展，就应该高度重视抗战戏剧和抗战文化这些宝贵的历史文化资源，因为它们能给这座城市培根铸魂，是这座城市发展的重要动力源泉。这些经典抗战话剧不只是一项遗产，也是文艺创作的源头活水，我们要想更好地传承它，就要从这里寻根问源，从而激发出巨大的创作能量。抗战话剧既有红色革命的基因，又是人类戏剧史、中国革命史、中国文化史等的重要组成部分，是文化传承的宝贵资源。抗战戏剧资源在挖掘方面本身就是一个巨大的产业链，对于传统戏剧的保护与传承，诸如小剧场戏剧、庭院戏剧等戏剧形式的形成与发展，文化培根铸魂功能的发挥，专业戏剧创作的创新等，都具有很大的意义。所以，抗建堂系列抗战话剧作为红色革命文化的重要组成部分，既是资源和源泉，又是平台，不仅具有很强的生成性、拓展性，而且富有当代意义，它不但是重庆的，更是中国的，甚至是世界的。

抗战戏剧是视觉性、思想性与艺术性的统一，保护与传承抗战戏剧文化要紧跟、紧扣这一点，因为这是戏剧发展的基础，是艺术的重要源泉，它一定会为未来的优秀戏剧创作源源不断地提供原材料和艺术能量。因而，重庆的抗建堂系列抗战话剧或小剧场系列抗战话剧不只是对过去已有的经典作品的传承，还有一个引导其他戏剧作品的功能。抗建堂不仅是重庆的抗建堂，而且是中国的抗建堂，更是世界的抗建堂。城市发展要有战略构思，要求我们要跳出地方文化视野去发掘、利用地方文化资源，在这一方面我们应站得更高，看得更远。

*周勇（重庆抗战大后方历史研究会会长，中共重庆市委宣传部原副部长，党史研究室原主任）：*

今年是中国共产党成立一百周年，也是抗日战争爆发90周年，抗建堂也迎来了它的80岁生日，所以中共重庆市委宣传部、重庆市文旅委、重庆市话剧院为此专门实施了经典抗战话剧排演工程，并举办了相关的学术研讨会，可以说意义非凡。从2008年开始，重庆市就开始实施重庆中国抗战大后方历史文化研究和建设工程，这个工程历时十年已经全部完成，它的其中一个重要代表作就是100卷的《中国抗战大后方历史文化丛书》，已经全部出版。当然，与这一工程相关的其他工作也还在继续。这些都是基于我们的一个理念，即“中国立场、国际视野、学术标准、一流水平、进入西方主流世界、服务国家发展大局”。而抗建堂，就是这个伟大工程的一部分，所以说它意义非凡。

首先，我代表中国抗日战争史学会、中国抗战大后方研究协同创新中心以及重庆市地方史研究会，向伟大的抗建堂致敬，同时，也向今天参加研讨会的全体专家、学者表示诚挚的欢迎，向本次学术研讨会的召开表示热烈的祝贺。

抗战话剧是中国抗战文化高峰的高光之作。中国的抗日战争是近代以来中华民族从衰败走向振兴的伟大转折点。中华民族从鸦片战争后一直走下坡路，什么时候到最低谷的呢？就是抗日战争时期，这是一个历史的转折点，记录这个转折点的就是抗日战争文化。因此，抗日战争文化是中国近代以来一个新的文化高峰。在前是五四新文化，但是它不是转折点，不是民族历史的转折点。在抗战时期，中国文化有三种不同的文化形态：一是以延安等解放区为代表的抗战文化，二是以重庆为中心的大后方的抗战文化，三是以上海为中心的孤岛文化。代表这个时期文化的主流应该是新民主主义文化，就是民族的、科学的、大众的文化。所谓民族的，就是指高扬民族的旗帜来继承和发展民族文化；所谓科学的，就是指用科学的理论来指导我们的文化建设，坚持中国新民主主义的方向。以重庆为代表的大后方的抗战文化反映了文化的主流，所以才创造了文化的繁荣。

我们今天探讨的话题主要是抗战话剧，因此我想与文化做个比较。就全中国抗战文化而言，那是个高峰的时代，巅峰之作主要有两个方面的内容。第一是抗战音乐。时至今日，抗战音乐还活在我们生活当中，正如马也老师提出的观点，抗战戏剧也活在当下和未来。对于抗战音乐，所有人都会这样认为，因为它既有经典性，也有群众性，像《义勇军进行曲》《黄河大合唱》等歌曲已经成为中华民族的经典，成为中华民族伟大复兴的一个坐标，成为一种民族精神的体现，只要你唱起它们，长城内外、大江南北的抗战岁月就进入我们的内心，从而激发起整个中华民族实现民族复兴的豪气。第二就是抗战戏剧，尤其以话剧最为亮眼。抗战时期大后方的重庆，创造了被称为中国话剧史上的黄金时代，为传承和发展民族文化做出了重大的贡献。我赞成刚刚马也老师所讲的意见，尽管我们已经做了很多研究，但其实今天我们对它的意义、作用的认识还是不够，这些方面真是可以常做常新的。例如，中国共产党一百年来领导文化工作，抗战时期是非常成功的一个时期。我们现在所有研究历史的都知道，抗战时期有第三厅有文工会，但是我们对它们的研究真的是不够。我们也知道，为了打破当时那种沉闷的政治局面，南方局决定以戏剧演出作为斗争的一种突破口，当时有很多戏剧就是在南方局的领导下或者支持下或者扶持下或者帮助下创作而成的，这样我们的话剧就走在了最前列，创造了十分辉煌的成绩。再如，中国共产党领导的多党合作和政治协商制度、统一战线的形成等。因此，无论从文化的角度、政治的角度，还是从艺术的角度去看，抗战话剧都是一个宝库，在近现代中国先进文化的发展中具有承前启后的重要历史地位。

我认为，经典抗战话剧是亟待抢救和保护的文化遗产，这方面的工作很重要，做起来确实也很不容易，也存在很多亟待解决的问题。一是演出得少。尽管我们重庆市话剧院也做了很大的努力，但是总体上来讲演出不多。新中国成立以后，我们的抗战戏剧有演出，但是总体上的趋势是逐渐减少的。二是研究得少。在相当长的一个时期，整个抗战大后方文化，不光是戏剧，抢救和保护需求最紧迫的是文化资源，既有保护不够的问题，也有整理不够、研究不足的问题，学术上需要回答的问题实在太多。正是基于此，重庆实施了“重庆中国抗战大后方历史文化研究和建设工程”，简称“重庆抗战工程”，其中就包括学术研究、遗址保护、史料整理、文艺创作、设施建设和对外交流，这是国家战略。这个项目实施以后，不仅在全国，在世界上也产生了相当大的影响。自该工程实施以来，我们在学术研究方面出了一大批成果，实施了一大批项目，进行了大量的国内外的学术交流等。同时，各类研究也被提上了日程，但是缺少抗战戏剧这个板块。三是新创更是凤毛麟角。抗战是伟大的历史，其实抗战文化本身就是一个好题材，现在别说战争，单文化就是很好的创作题材，但是我们新创的作品实在太少。

这次实施经典抗战话剧排演工程是重庆文化工作者的正道之举，也是发展戏剧的牵引之举，因为这个时代价值多元了，但是追求小情怀的很多，追求大情怀的较少，所谓“正道”在今天就是指民族的、科学的、大众的。党的十八大以来，党中央在文化建设方面指出，要发展民族的、科学的、大众的中国特色社会主义文化。因此，我认为这就是正道。所谓“牵引”，就是要让我们的作家、艺术家在这些经典作品复排过程中成长，得到锻炼和提高；让演员好好演戏，沿着经典道路再攀艺术高峰，再出艺术精品，再出艺术人才。所谓“战略”，也就是说，一个城市的文化，首先应该是继承，然后是传承，最高的境界才是新创。经典抗战话剧复排，就是一种继承，就是战略制定和实施的第一步，所以从这个意义上讲，我非常赞成对这些经典作品进行复排。但是，仅仅复排不够，还应该有一个比较完整的体系，那就是选、演、创。“选”就是选出一批经典，“演”就是演好一批经典，“创”就是努力创作新经典。怎么选呢？我认为有两个最基本的指标。第一个是当时的高度，思想的高度与艺术的高度应该是统一的；第二个是今天的价值，要让历史的价值和今天的价值相契合。例如，《雾重庆》《棠棣之花》《屈原》《天国春秋》《风雪月归人》《阿Q正传》《家》《北京人》等。我建议可以选十部，五部大戏，十部折子戏。我非常赞成驻场演出，驻场演出就是博物馆艺术，是很好的。然后，要努力创新，创作经典。这是该做的，也是最应该做好的。最后是要创造。一个时代要有属于这个时代、代表这个时代的新作品，伟大的时代我们所有人都不能辜负。总之，如果五年时间能够选出一批戏，演好一批戏，能够创作一两部，就很了不起了，那就可以表明在新时代，重庆的话剧又进入了新的时代。

宋宝珍（中国艺术研究院话剧研究所所长）：

我每次到重庆来就有点儿像贺敬之梦里回到延安一样，来重庆有一种朝圣的感觉。我们要研究中国话剧历史不能不研究抗战话剧，因为它是承前启后的，又创造了中国话剧历史上的黄金时代，很多重要作家和作品在这里出现。当时的一大批人，我真的是很佩服。现在，重庆市话剧院又要把这些经典抗战话剧逐渐推向更繁荣的阶段，我觉得这都是特别好的。其实，抗战戏剧之所以重要，是因为它体现了我们民族的精神。我读《东史郎日记》时，里面有这样的描写：在日军向南京进军准备侵略的时候，中国人不知道要亡国了，沿途还有小摊贩提着篮子向日军售卖东西……抗战增强了我们民族的国家意识，让国人知道我们到了民族危亡的关头。虽然当时重庆是国民党政权的陪都，是国民党政权的大本营，但是重庆的戏剧运动是牢牢掌握在共产党手中的，甚至国民党的中国剧社、中青剧团里面都有许多共产党员，曾家岩50号的周公馆才是重庆抗战戏剧运动真正意义上的领导中心，这一点一定要明确。重庆抗战戏剧运动是在国民党统治下的陪都发生的，但是它的领导权一直掌握在共产党人的手里，尤其在建党百年之际对抗战戏剧进行历史回顾，进行现代创作，这是一个大前提。重庆抗战戏剧是党领导的成果，也是民族精神的集中体现，它也是戏剧创作的一个全盛时期。我们知道，话剧是自国外传入国内的，是舶来品。在这个过程中，对中国本土的戏剧进行了改良，例如减少唱腔，增加对白，其中融入了日本戏剧、欧美戏剧（以余上沅为主要代表）等元素与创作方法。在抗战前，我国现代戏剧的大本营无可置疑是上海；从“九一八事变”到1945年抗战胜利，抗战时期的戏剧大本营是重庆，这一时期的经典抗战戏剧作品的产生地是重庆。当时是不分东西，全民团结一致，众志成城奋斗，体现了民族的抗战精神，这个精神里面有一个重要特点就是包容。其实，“下江人”（“下江”泛指三峡以下的长江中下游地区，故称其地之人为“下江人”，后来泛指抗战时期所有从沦陷区逃出的国民）来到重庆差不多是1937年以后。当时，全国有13支颇有影响力的抗敌演剧队，有一支留在上海，其他12支到了武汉后整编然后抵达重庆，重庆戏剧的大发展和繁荣自此开始。因此，我建议将1931年抗战爆发以后的抗战戏剧纳入到选择剧目和重新排演的大范围来，可以把孤岛戏剧放进来，也可以把北平抗战剧目、东北抗战戏剧都纳入进来。我们既要立足于重庆，但是也要放眼中国乃至世界，要有一个宽广的文化胸襟，一种包容的文化精神。

那个时代，话剧创造了一系列的演出形式，诞生了很多小剧场，街头剧比较火的时期抗战街头剧甚至演到了罗斯福的白宫，此外还有茶馆剧、卡车剧，演出的形式是丰富多彩的。这个时代也是话剧发展的重要阶段，因为之前话剧演出基本在北平、上海等大城市，到了抗战时期话剧才深入到了中国广大的城镇、乡村，到处都有话剧演出，话剧进入一个全新的发展阶段，到了全民族发展阶段。

我听了重庆市话剧院张剑院长的计划很感动。我们曾努力呼吁把抗建堂建成抗战戏剧的演出中心，对历史资料进行展示，现在我们把抗战时期的经典剧目重新排练，非常令人期待。现在，我们生活在一个全媒体时代，而且整个世界都是一个地球村，因此我们的艺术创作集中整合优势资源特别重要。我认为，找准抗战戏剧精神和当代的契合点，想好重庆的演员适合演哪些剧，还有怎么样使我们的抗战戏剧招牌亮相的时候就光彩熠熠，非常重要。抗战戏剧具有很多正面的、积极的意义，让我们有一面镜子知道旧世界是怎么崩溃的，那样对于新时代的来临我们才会有更深的理解。比如，《茶馆》在欧洲的演出让很多欧洲人认识到了中国革命发生有其必然性，这样的宣传才更能打动人心，若把旧世界的腐朽性、它必然灭亡的规律性揭示清楚了，那么中国共产党领导革命取得胜利的必然性就解释清楚了。

最后，我建议将来的小剧场戏剧节可以专门为重庆抗建堂的经典抗战话剧设一个展演季。而且重庆作为直辖市，可以考虑设立山茶花戏剧奖，只有栽下梧桐树，才会引得凤凰来。

彭涛（中央戏剧学院戏剧文学系主任）：

首先，我代表中央戏剧学院对抗建堂建成80周年和经典抗战话剧排演工程学术研讨会的成功召开表示祝贺。抗建堂重新开放，经典抗战话剧排演工程能够顺利实施以及更好地推进可能要处理好三个方面的关系。一是要把握好抗战话剧与现时代的关系。因为抗战话剧是中国话剧史上光辉的一页，是中国话剧的高峰。为什么今天要重新排演经典抗战话剧？首先要把握好抗战话剧和今天这个时代有什么样的关系。我的理解是，抗战话剧是我们民族意识和现代国家意识凝聚的一个象征，它及其所蕴含的抗战精神是我们今天中华民族伟大复兴事业的一个有机组成部分。从这个意义上来讲，我们现在重新排演抗战话剧，当然是具有今天的时代意义的。二是要把握好文化传承与现代性的关系，也就是今天排演经典抗战话剧的目的是什么。一方面是传承经典的戏剧文化，但另一方面，更重要的是立足当代，要有现代性眼光。我们这样做的目的肯定还是为了文化的发展，所以从文化传承和现代性的辩证关系这一角度来说，我们要立足当代，在抗战经典话剧的新创排演工程中要注重形式的创新，要注重当代审美的创新。今天，我们来排演这些话剧主要是为了让今天的观众来看的。中国话剧就是在民族性和现代性的辩证关系之中发展起来的，所以如果今天我们在排演经典抗战话剧的时候能把握好现代性，就能够吸引当代的观众。三是要把握好经典话剧的复排工作与市场的关系。我们要吸引当代青年，我们不是给他们讲旧的东西，而是经典的新排、经典的新创，文化是内驱力，也是与文化产业的结合。所以，刚才张剑院长在谈到设想的时候，不光有驻场演出计划，还有一系列的与地方特色怀旧旅游相结合的文旅产品。同时，从宣传角度要有全媒体的宣传效果，一定要把当代年轻观众吸引进剧场。我们不只是为了宣传，更重要的是用文化吸引力把握今天的时代，吸引今天的年轻观众——不只是重庆的而且是全国的。所以，将来中国话剧协会和重庆联合举办全国小剧场戏剧优秀剧目展演的时候，我有一个大胆的设想，这个展演应该是一个国际的戏剧节，有国际的演出来参加，它才能吸引更多的观众来。所以，从国际戏剧节的角度，不妨举办一个战争与戏剧、战争与城市的戏剧节。最后，衷心地祝福抗建堂，也祝愿重庆的经典抗战话剧排演工程顺利实施，这是一项伟大的工程。

乔宗玉（中国国家话剧院副研究员）：

在中国现代戏剧史上，抗战时期的重庆戏剧代表了中国现代戏剧的黄金时代。这一时期，不仅仅是编剧领域，而且在导演、表演、舞美设计等各方面都在走向成熟。中国话剧四大名旦张瑞芳、舒绣文、白杨、秦怡在山城舞台流光溢彩，推出了很多高水准作品。金山与张瑞芳主演的话剧《屈原》轰动一时，尤其是其中的独白部分《雷电颂》，成为表演的教科书。张骏祥导演为白杨度身打造的话剧《万世师表》，舒绣文主演的《雾重庆》，一票难求。他们标志着中国话剧表演的第一个高地，对后辈影响深远。抗战时期，“雾季公演”的火热，与战争环境有着一定关系。“二战”让好莱坞电影进入重庆颇为艰难，进剧场看戏，成为人们休闲的主要方式。同时，抗战戏剧鼓励民众抗日，激发爱国热情。值得一提的是，抗战时期，国民政府军事委员会政治部第三厅厅长为郭沫若，该厅第六处处长田汉主管戏剧。当时一共有12支抗敌演剧队，通过演话剧振奋民心。这12支抗敌演剧队的成员，1949年后成为北京人艺、上海人艺、中国青年艺术剧院、湖南省话剧团等院团的主力。像中国青年艺术剧院的骨干演员石羽、王斑、路曦、冀淑平、金淑芝、姜祖麟等，都在重庆抗战话剧中占有一席之地。而重庆抗战话剧中的《屈原》《天国春秋》《风雪夜归人》《法西斯细菌》等，也成为中国青年艺术剧院的经典剧目。

在本次重庆抗战话剧重排遴选剧目上，我推荐了五部话剧。一是《雾重庆》。因为宋之的的《雾重庆》，重庆从此被称为“雾重庆”。这部剧体现了几个青年在艰难时世中的选择，他们走出迷惘，又陷入新的迷惘，具有警世作用。二是《屈原》（编剧：郭沫若）。该剧有着积极的爱国主义教育意义，适宜学生观看。同时，像剧中《雷电颂》这样的经典名篇，对于演员是不小的考验。三是《法西斯细菌》（编剧：夏衍）。这是一部知识分子题材话剧，它教育我们要关心国家，为国为民。四是《秋声赋》（编剧：田汉）。这部剧是田汉抗战戏剧的高峰之作，三个小知识分子抛开个人情感纠葛，投入到抗日的洪流，突破小我，实现人格的升华。这对于今天的我们有着积极的启示。五是《升官图》（编剧：陈白尘）。这是一出讽刺喜剧，不同年龄段、不同文化背景的观众都会喜欢这部剧，剧场效果会很好。

廖全京（四川省剧协原主席）：

我对抗战文艺的研究是一个不断认识、不断更新的过程。今天开这样一个会，实施经典抗战话剧排演这样的工程，我非常感动，重庆市的领导有眼光。

第一个方面，"抗战话剧"这四个字是概念还是观念？我们过去就停留在它只是一个概念的理解层面上。作为一个概念，它相对来说是比较死的，因为概念定下来后就基本固定了，没有什么变化。但是，我认为"抗战话剧"首先是概念，然后是观念。特别是随着这么多年抗战文艺研究、抗战戏剧研究的发展，它作为一个观念，现在完全是立足于全世界的。在观念哲学上，有一个专业叫观念学、观念史研究。这个观念是有力量的，是变化发展的，是有内涵的。现在不能说抗战戏剧只是一个简单的概念，它是一种观念——在抗战的血与火中淬炼出来出来的一种观念，包括爱国、审美、进步，等等。20世纪80年代以来，我们不断深入研究抗战时期的话剧，不断加深对它的认识，现在我们觉得它不是一个简单的概念，它是一个在发展中的有丰富内涵的不断变化的观念。从这个角度，我加深了对抗战文化的认识，从这个角度再反过来看我们重庆市实施的这个工程，我觉得非常有眼光，非常有魄力。

第二个方面，"抗战话剧"的观念主要体现在哪些方面呢？我认为主要体现在它的价值上，抗战话剧的价值和其本身的价值观，这是它作为观念最有活力、最有分量的地方。它不是一个简单反映抗战时期的爱国热情之类的戏剧现象，而是一种文化现象，这种文化现象的价值是为全世界提供了一个样板——戏剧的样板。我曾经从这个角度进行比较戏剧研究，把抗战时期的戏剧和同时期苏联的戏剧、法国的戏剧做了一些比较，我觉得当时真正非常有生气的还是中国的抗战文化，因为那个时候苏联也有很多演出，但还是演传统的、演古典的，包括战争最艰苦的时候。而我们抗战时期的话剧全部是那个时候新创的，完全是和现实生活结合得非常紧密的。今天，我们应扎根在生活土壤里面，要从"二战"的战争史角度来看中国的抗战话剧。因为当初法国开研讨会也是将其作为"二战"研究的一个内容，不是单独为中国的话剧来开的，而是站在整个"二战"的角度来看的。我当时看法国的报纸，那个时候西方的一部分专家研究中国的抗战文化就是从"二战"时期开始的，从对"二战"时期各个国家戏剧现象的比较当中更可以看出中国抗战戏剧的地位和价值。那么多的从业人员，那么大量的剧本，那样的深入人心，我个人认为中国抗战戏剧在这些方面超过欧洲很多国家，所以从价值的角度来讲，它非常有分量。而且这个价值还有正反两个方面。公式化、概念化是中国话剧一个很严重的问题,是一直没有解决的问题,是中国现实主义话剧的一个死结。这个公式化、概念化的现象,抗战时期就有,特别是前期。因为在战争情况下非常紧迫,而且条件有限,为了及时反映抗战现实,通常多追求短、平、快,就难免有公式化、概念化的现象。在当时大后方的重庆,逐渐有一批艺术家一直坚持和公式化、概念化作斗争,批评这种现象。当时文艺界的领导就提出要专业化,要提高艺术化水平。这些东西对我们今天的艺术创作仍有很大的启示作用,这就是它的价值。

第三个方面,抗战话剧体现了它的传统。过去说中国话剧是战斗传统,不能说这种说法不正确,它有正确的一方面,但是不够全面、不够准确。如果仔细研究抗战时期的话剧,我们就不难发现抗战时期话剧的主要倾向其实就体现了中国话剧的传统。当然,抗战时期的话剧,现实主义是主流,几乎所有的编剧和导演走的都是现实主义的道路。抗战话剧的现实主义有两种情况:一种是比较贴近政治的,宋之的基本靠近这一点;还有一种是诗化的现实主义,思想进步,艺术上讲究审美,比较重视舞台艺术的呈现,比较重视话剧艺术本身的美的魅力。但无论是政治化的现实主义还是诗化的现实主义,都是进步的、积极向上的,一个更直白地表达政治的诉求,一个含蓄地、诗意地展示话剧是美的,而中国话剧传统是二者的融合。今天,我们来理解这种传统时可以发现,抗战话剧不简单地是一个传统问题,它是中华文化在抗战时期的一个方向,是一个文化的问题,是一种文化现象。所以,我认为传统体现在抗战话剧里面首先体现的是中华文化的现代传统。特别是五四以后成长起来的这批新剧,这批知识分子体现出来的五四精神,是一种文化传统,一种美学传统。所以从这个角度讲,抗战话剧不是一个简单的戏剧现象,它是一个文化观念、美学观念、戏剧观念,而且这个观念今天还活着,还存在着,还要发展下去。这样看来这个工程就显得非常关键、非常重要,所以我由衷地佩服重庆市各级领导对这个问题的重视。

吴卫民(云南省政协教科文卫体委员会原副主任,云南艺术学院原院长,二级教授,博士生导师):

第一点,首先我觉得重庆市能够抓这个项目作为系列活动,重提抗战文化是有历史眼光的,重庆市抓这个项目是对自己文化的重新体验。因为抗战文化是五千年文明已经走到亡国灭种的时候的一次昂扬奋进,使得五千年文明免于断裂。我认为,在今天的国际国内形势之下再来提这个话题,它的意义是多重的,因此我要为重庆做这件事情点赞。

其实很长时间以来,文学界甚至包括我们很多教戏剧的人,说到抗战戏剧就说没什么艺术价值,都已经时过境迁,都已经翻篇没人看了。刚刚廖全京先生谈到这个话题时提到了公式化、概念化的问题,就是我们观念上怎么在民族的这个重要节点上看它的价值问题。另外一个问题是文化源流,在濒临亡国灭种的时候文化可以做什么。在今天我们的物质生活水平有极大提升,跟美国讲外交礼节,讲贡献中国智慧的时候,说抗战戏剧没什么艺术性,这种口吻和观点,我长期以来是非常不赞成的。我认为,若脱离了历史语境来大谈所谓艺术性,谈从容感,就是一种历史虚无主义或者对历史缺乏认知的看法。在敌人把我们杀得血流成河的时候,何谈设定什么情境,然后高潮结尾?在那个时候，就是要让我们所有的人都能够意识到亡国灭种的危机当头，这是发出最后的吼声，这是最重要的东西，而不是去讲那个时候的戏剧缺少艺术性，我觉得这种观点很不客观，是历史虚无主义的表现。我们应坚持辩证唯物主义和历史唯物主义的观点，为我们的抗战戏剧在民族最需要的时候担当使命，发挥其最大的社会功能以保存民族精神火种和文明火种唱赞歌，而不是一味讲短板。我认为，这个时候就需要这种怒吼，需要直白的呐喊，就应该是这样粗野的声音、壮烈的姿态，而不是风花雪月、诗情画意，这是一个观念问题。

要明确一个价值判断，就是应该怎么样判断抗战戏剧所具有的价值。有人觉得抗战戏剧缺少渲染。梁启超在19世纪末、20世纪初提出中国面临着五千年未有之大变局。这个大变局是什么？那个时候，中国曾高度繁荣辉煌的文明从巅峰跌到了谷底，因此梁启超说中华民族面临五千年未有之大变局。这个变局从哪里变？于是，梁启超提出戏剧改良的方式，发出戏剧改良的口号，就是希望用戏剧的方式帮助人民觉醒。其实，如果说我们近现代的文化是启蒙文化，启蒙不是从新文化运动和五四运动才开始，启蒙从梁启超这一代知识分子就开始了。启蒙是为了什么？是为了救亡，为了救国。抗日战争期间的戏剧运动其实恰恰就是启蒙的一个成果，许许多多戏剧人走到乡下，深入民间，在田野、在军队等地方通过戏剧演出的方式进行启蒙，使我们的人民知道有一个国家，知道我们是一个唇齿相依的中华民族的整体，这就是启蒙以来至抗战时期达到顶点的一个过程。因此，重庆实施经典抗战话剧排演工程这件事是有深刻的文化意义的，是一次伟大的民族自觉。这一伟大工程，对于坚定我们的文化自信也具有重要意义，是让我们知道自己的过去，明白自己的现状，然后明确未来方向的关键。因此，我认为这个事情能够给我们下一代以人生启迪，使他们勇于肩负起时代赋予的责任和使命。我坚信这个事情能做好，能够推广开来。就像今天上午刘旗主任所说的，不怕做不到，就怕想不到。基于今天我们所面临的国际国内形势，结合党中央的政策，我们也要有决心、有信心把这个工程做好。

第二点，普及性的、深入民众的戏剧文化是在抗战期间达到了空前的高度。之前，我做了很多话剧史方面的研究，我非常清楚在之前的很长时间内戏剧文化主要是在一些先进知识分子或城市小资产阶级的文化圈子里流行的，而其在更大范围内被群众所熟知，则是在抗战时期。在抗战期间，为了挽救民族危亡，开展了大量的文化下乡、送文化到前线活动，戏剧团体也深入到农村、军队进行戏剧演出，推动文化宣传。新文化运动和五四时期对中国的旧戏进行了批判，使得中国的旧戏和现代话剧在两条道路上各自行进，直到抗战时期中国的旧戏和话剧才有了一个巨大的会师，最为突出的是在武汉，这是一次文化大军的会师，旧戏的人来了，话剧的人也来了，都在一起为抗战服务。这让我觉得新旧文化融合成为可能，会师成为可能，团结成为可能。尤其是像田汉、欧阳予倩等把新旧戏剧文化融合在一起，为国家服务，为人民服务，为时代服务，这种文化的担当、文化的使命感以及文化人的胸襟，我觉得是很了不起的。因此，从戏剧文化和艺术种类这个角度来说，抗战戏剧这个点抓得好。

第三点，我觉得这是一个擦亮文物，记住重要历史意义的事件。重庆有这种见识，有这种眼光，有这种胸襟，牵头了不妨再把影响力扩大一些，比如云南的昆明、贵州的贵阳、广西的桂林等。从圈层来说，以重庆为核心，然后逐渐放大，其实也是一种非常好的思路。我认为，这绝对不仅仅是一个地方文化或者地方文旅产业的问题，它是一个人类的主题、人权的主题，也可以从中华文明的延续这个角度继续深入，因此应在文化上和地域上再开放一些，应该把它作为一个人类的大主题来研究。

第四点，我想谈一谈剧目的选择。一是《雾重庆》。二是田汉的《回春之曲》。当时这部剧演出以后，里面的插曲《春回来了》、《再会吧！南洋》(又名《告别南洋》)、《慰劳歌》和《梅娘曲》成为当时的流行歌曲。因此，这部剧无论从题材上涉及海外华侨华人，还是它警醒大家不要忘记国耻，不要忘记当下，和我们今天提出抗战文化，复排经典抗战戏剧，希望大家不要忘记自己民族的历史，是异曲同工的。再加上这部剧里的南洋音乐元素，所以《回春之曲》是有很多看点和亮点的。三是《怒吼吧，中国》。这部剧和我们重庆有关系，其创作背景是20世纪20年代万县(今重庆万州)遭受英帝国主义的炮舰侵略。当时，中国人没写这个剧本，在国外排演过，到我们国内也排演过，20世纪20年代排演过，20世纪40年代也排演过。这部剧在我们国内排演过三个版本，欧阳予倩等排演过一个版本。像这些以环境戏剧的方式来演出抗战戏剧，也会出彩，出新，出亮点。四是曹禺的《蜕变》。通常，我们提起抗战话剧就是《雾重庆》《残雾》《结婚进行曲》《升官图》等，揭露的是国民党反动统治下的灰暗。同时，我们也应该让人看到新的希望，看到我们民族在抗战中一种“蜕”旧“变”新的气象，曹禺的剧本《蜕变》就提供了这样的东西。这部剧里既有对不良现象和阴暗面的揭露，也有对以特派员梁公仰为代表的爱国志士的歌颂，特别是经过上级派员整治而发生的蜕变。我认为，从正反两个方面才能够让人完整地看到我们中华民族在抗战期间的不屈不挠和坚韧的努力，看到每一个正直的中国人都在奋力担当拯救国家和民族的使命。在抗战戏剧中，《蜕变》在一些方面的表现比《家》以及其他一些戏更直接，而且也是当时热演的一个经典剧目。五是《大地回春》。《大地回春》写的是红色资本家爱国抗战，但是我觉得只是揭露一些反动派的黑暗什么的，不能够全面反映重庆人民为抗战做出的贡献。六是像《屈原》《虎符》这样的剧目。我认为，《虎符》在表现国共两党对于日本侵略的态度方面是非常鲜明的，无论是人物形象的塑造，还是矛盾冲突的尖锐，或者情节的紧张程度，该部剧在郭沫若的戏剧里面都是蛮突出的，可以列入备选的排演剧目。七是《戏剧春秋》。该部剧描写了一帮戏剧人位卑不忘忧国，在吃不上穿不上的情况之下，通过戏剧表演来凝聚民族精神，为这个国家和民族呼喊，表现了戏剧人的高风亮节。《戏剧春秋》通过戏中戏的方式生动反映了戏剧人对国家和民族的贡献，以及促进文化发展、文明传播的使命担当。八是老舍的《谁先到了重庆》。这部剧写的是一个间谍的故事，在剧中，主人公吴凤鸣帮助自己的弟弟吴凤羽从北平敌寇的魔爪之下逃出去，到重庆去参加抗战，自己则留在北平刺杀日本军官和汉奸，最后以身殉国。老舍在重庆写过很多戏，如《面子问题》等。《谁先到了重庆》的主题和内容非常鲜明，这里面很有戏，比《面子问题》还有戏。《残雾》是老舍写的第一个话剧剧本，但是他只是说自己写这部剧的时候在语言上下了功夫，写得更加精彩的是《谁先到了重庆》。九是吴祖光的《凤凰城》。《凤凰城》刚开始上演的时候抗建堂还没有建好，当时在重庆国泰大戏院不断演出。我觉得这个戏应该算是吴祖光的代表作。该戏虽然写的是东北的事情，是一个东北抗日女侠的传奇故事，但是把东北的失守、东北的沦亡和重庆这个地方的坚守内在地联系了起来。我认为这是一部很好的戏。曹禺当时很欣赏吴祖光，说他的戏每一场都有戏。我觉得《凤凰城》这部好戏在排演时值得好好地挖掘。

最后，关于剧目建设，我讲三点。第一，直接用经典。第二，改编经典。就是对于一些时过境迁，或者内容不集中，或者情节太拖沓，或者有些该揭示出来的矛盾没有揭示，该凸显的戏剧性没有凸显的作品进行改编。第三，原创。这样，就可能成为我们做好重庆抗战戏剧文化的"三驾马车"。另外，如果我们把国立剧专（国立戏剧专科学校）在这一块所做的活动纳入其中，则原创的范围会更广阔，甚至会让我们海阔天空。

查明哲（国家一级导演、中国国家话剧院原副院长）：

我一直在和相关专家、重庆的同仁探讨抗战话剧的问题，听了各位专家的发言真是醍醐灌顶。现在，我们说抗战时期是我们中国戏剧的一个黄金岁月，或者说是抗战戏剧是一个我们无法攀越的高峰。那么这个高峰，高在什么地方？抗战戏剧创造了中国戏剧的黄金岁月，其价值到底是什么？当我投入到创作中之后，再回过头来看，可知我们对抗战戏剧的一些基本认识是，它处在中华民族的一个特殊历史阶段，即全民族面临国破家亡、山河沦丧、大敌当前的时代。在这样一个时代出现一个戏剧高峰，其意义不言而喻。在当时的历史背景之下，在那样的时代潮流当中，这些抗战戏剧的确是起到了号召全民族抗战等极大的作用。

前面讲到了很多抗战戏剧，其中有一首经典抗战歌曲《嘉陵江上》。后面在创作的时候，真可谓是英雄所见略同，我把这支曲子用在了《雾重庆》这部剧中，作为其主题曲，加上了一些重庆本土的地方元素。现在再回过头来看，我想今天如果我们说抗战戏剧创造了我国戏剧的黄金时代，是我们不可攀越的高峰的话，那么无可否认的是，从戏剧最本质的意义和价值来说，抗战戏剧在那个时期确实做到了前无古人（我不敢说后无来者）。回顾这些抗战戏剧可以发现，抗战戏剧在最本质上包括了人文关怀，人的精神世界和精神家园的建立，以及民族精神的塑造和树立。我认为，在这个基本点上抗战戏剧是走在前面的，自从有话剧以来它达到了一个高峰，以至于我觉得我们到今天还无法超越。在这一点上，我们可能还要更加充分地、更加深入地加以认识。例如《雾重庆》这部剧，过去可能也讲到过，有一点非常值得肯定，那就是包括周恩来也说，这部剧好就好在揭露了国民党反动统治的黑暗。再如，周恩来曾七次进入剧场看《风雪夜归人》。《风雪夜归人》这部剧作是吴祖光在重庆写就并发表的，也是在重庆上演过多次的，我们也应该将其纳入经典抗战戏剧之列。综合以上这些一起来看便可知，抗战戏剧恰恰很好地实现了作为戏剧的真正价值。它是对当时的社会环境、人们的生存困境和精神困境的切实反映，如一大批大学生、一大批青春游子，在生命陷入迷漫苍茫的时候，是怎么颠沛流离的，或者怎么沉沦的，或者怎么负重前行的。我觉得抗战戏剧的现实意义也就在于此，也就是说，在自己的人生道路中，我们在面临个体的命运和国家的命运、民族的命运交织在一起的时候如何能够风雨无阻地负重前行，而不是随波逐流(有的可能最终折戟沉舟)。现在我们每个人的命运也是同国家命运、人民命运紧密相连的，在这样的情况下，我们的人生道路怎么选择，人生价值如何实现，围绕这些方面进行创作，我们今天还达不到那样的高峰，为什么？我认为还是在于对戏剧价值的理解，在这一点上大家要更加认真。所以，在将这些经典抗战戏剧重排的时候，我们怎么挖掘它们的时代主题，发挥它们的长处，然后让它们拥有现代的表达，同时又更加具有现实意义，可能是我们在排演这些剧目的时候要深入思考和探讨的。

当然，这些抗战戏剧所蕴含的时代主题和时代精神是显而易见的。因为，在抗战这样一个特殊时期，在中华民族面临生死存亡的历史阶段，民族精神的激发和民族精神的延续会振奋每一个中国人的精神，凝聚起中华民族磅礴的精神力量。

对于将来可能选择的剧目，我的建议如下。一是对于这个历史阶段中最优秀的、最杰出的作家和编剧的作品，都应有所涉及。二是在风格、题材上应该有一个合理的安排，如悲剧、喜剧等。三是选择一些可供我们现在在排练的时候探索某种现代表达的可能性的作品，比如现代喜剧、环境戏剧等。如果说能全面兼顾考虑的话，我们这个工程打造出来的剧目就不仅仅限于经典抗战戏剧的原貌呈现，而且在艺术表达上有新的探索。当然，这种审美和艺术表达效果的提升是建立在我们拥有抗战戏剧这个题材的基础上。在实现了这一目标之后，我们不仅应从思想上、精神上以及审美水平和艺术表达效果的提高上考虑戏剧的发展，还应将其纳入到一个系列中予以整体考虑，使得老树开新花。

# 洪崖滴翠可追忆

姜孝德
(重庆市江北区文化馆)

如今的洪崖洞成了网红，成了外地来渝游客的打卡地，逢年过节时，人满为患，重庆市政府更是将千厮门大桥空出来，使其成为人们观赏洪崖洞的平台和游客疏散的通道。洪崖洞出名了、红了，还有几个人记得巴渝十二景之一的"洪崖滴翠"呢?

无论是山还是水，离开了文化的滋养也就失去了灵魂，只有当历代文人把感悟与诠释层层叠叠地附着在山水之上时，山水才会放射光芒、灿烂夺目。我认为名列巴渝十二景之二的"洪崖滴翠"，诠释远比风景更精彩。

洪崖滴翠，早在宋朝时就已经被人关注了。明朝人曹学佺的《蜀中名胜记》记载:"城西雉堞下有洞曰洪崖，覆以巨石，其下嵌空，飞瀑时至，亦名滴水崖。有元丰时苏轼、任仲仪、黄庭坚题刻。嘉泰中，成绘于中起吏隐亭，洪偲又起轻红亭焉。"后来，洪崖滴翠成了"渝城八景"之一景。洪崖滴翠反映了重庆人较高的文学素养。如果，此名取个什么"滴水"，或者"滴泉""滴珠"等，那就土俗了。滴翠，是通感浇铸的不老佳句，是充满诗人灵气的妙语——总觉得诗人刚一写出，顿时化作一只黄鹂腾空而起，骄傲地盘旋在洪崖的空中。我敢说，没有哪个人敢说自己可以取一个比这更好的名称。

乾隆年间的巴县知县王尔鉴把洪崖滴翠选入巴渝十二景中，还为它写下了一首神采飞扬的诗:"洪崖肩许拍，古洞象难求。携得一樽酒，来看五色浮。珠飞高岸落，翠涌大江流。掩映斜阳里，波光点石头。"尽管王县令用心写诗，但终归还是万取一收，遗貌取神罢了，并不能完全反映洪崖之美。为了说明选定洪崖滴翠的理由，王尔鉴在诗前还写有一个小记:"洪崖洞在洪崖厢，悬城石壁千仞，洞可容数百人，上刻'洪崖洞'三大篆字，诗数章，漫灭不可读。城内诸水，逾堞抹崖额而下，夏秋如瀑布，冬春溜滴，汇为小池入江。石苔叠翠，池水翻澜，夕阳返照，五色陆离，莫可名状。至若渔舟唱晚，响答崖音，又空色之别趣也。"

洪崖洞位于今天渝中区沧白路旁边岩下，原嘉陵江索道下，大致就在洪崖洞风景区人造的崖洞处。洪崖，百姓多写作洪岩，因巨石突兀，半悬崖外而得名。洪者，大也。崖下有一天然石洞，宽大犹如今天的剧院，可容数百人，人称洪崖洞。据《巴县志》记载，宋元丰年间(1078—1085年)，苏轼、任仲仪、黄庭坚曾在洞里留有墨迹，但如刀的岁月，早已刮去了崖壁上的痕迹。洞前悬岩千仞，如刀劈斧削，壁下是流淌不息的嘉陵江。崖上旧为炮台街，崖边蹲有两尊铁炮，虎视两江汇合处。民国年间为纪念杨沧白，将炮台街改为沧白路，路旁曾经是名噪一时的东川书院。今天，在沧白路边，我们还可以看到辛亥革命时重庆蜀军政府都督张培爵的纪念碑。

传言，洪崖滴水长年不断，崖下生出一片绿苔；水滴在苔上，溅起水雾，遇到日光照射空中便产生五彩的光，"洪崖滴翠"因是得名。其实，这种说法不能说不对，但是如果"洪崖滴翠"仅是如此，那么它便不会流传得如此久远，以至于我们今天仍在追忆。

"洪崖滴翠"之所以魅力无穷，那是因为它具有四季变换、常看常新的特点。夏秋季节，重庆多雨水，城中的百溪万涓多汇于此，夺崖而出，飞珠溅玉，似扬花飘絮，若晴天飞雪，蔚为壮观；水流着地，雷声轰然，声传数里。有人曾见过暴雨时的洪崖奇观：大雨倾盆，平地涨水，四处的水都在找低处；洪崖来水千万吨，皆争先恐后，横崖而出，如银汉天漏、长江河断，势不可挡，狂吼之声让人心惊肉怵。春冬两季，雨水减少，壮观景象不复存在，但线瀑滴泉却日夜不息。这里全年水流不断，使崖下长满了很大一片绿苔，遇夕阳返照，空气中的雾气便生发出七彩的光，这个成因与虹的形成大致相似，但它没有虹那么规矩的形状。也有人对产生"彩云"的原因做了另外的解释：崖下，旧有一大池，大概是水流长期冲击而成，池水被瀑布冲击，池水翻滚不停，遇到日照，一池水便成了五彩色，绚丽夺目，让人百看不厌。"洪崖滴翠"还有配景，过去，崖畔荆棘丛生、巨藤攀岩；另有三五株黄葛树、构树生长在悬崖边上的石缝里，横杆斜枝，遒劲有力，别有生趣。

洪崖上是一个观景的好去处。春天里，脚下的嘉陵江瘦成弯弯的月牙形，夕阳西下，满天绛红，落日残照，一川金波，白帆片片，溯流而上，真是画图难足。夏日里，更有渔歌互答，竹枝酬唱，一江欢乐，撒遍两岸。江的斜对岸，是江北名胜，莺花碛（碛乃江洲）。春天，碛上莺飞草长，绿色满眼，野花怒开，红白点缀其间，若镶花之锦缎、多彩之碧玉，让人心驰神往。有清代诗人姜会照《莺花渡》为证："花发媚游客，莺啼欢酒家。春城环二水，野渡艳三巴。香雨流金碧，清风度落珈。会当携斗酒，买棹问莺花。"入夜，洪崖上还可以观看江北的另一个胜景"金沙火井"。江对岸是江北的金沙门，江边一树树的火焰，一二尺高，蹿跳般地燃烧着，随风摇曳，婀娜多姿。关于火焰的成因，有人说是天然气，有人说是沼气。渔夫、船工往往借用这火煮食，不但免费，而且方便至极。

洪崖上是达官贵人、文人雅士的观景佳处，而洪崖洞中则是乞丐们的避难之所。洪崖洞宽大，且冬暖夏凉，成了这些人的家。乾隆年间《巴县志》载："此洞向为丐者居。乾隆十五年，知县张兑和清之。"也许是衣衫褴褛的穷人妨碍了他们观山望景，于是尽情逐之，这未免有些不人道。

洪崖曾经是重庆城的北门。重庆旧谚曰："洪岩门，广船开，杀鸡敬神。"崖下岸陡水深，是停泊大船的良港。洪岩门肇始于南宋，重庆守将彭大雅为抵抗蒙军，拼命筑城。早期的洪岩门是可以开的，后来因防守困难——多一扇城门，就多一个薄弱的地方，于是便用石头将城门封闭了。旧说重庆城九开八闭，是因为风水的原因，我表示怀疑。

民国年间的文人描述洪崖洞，说喷崖而出的是泉水、溪水。到了二十世纪七八十年代，随着城市人口的增多，溪水中逐渐混入了生活污水，最后，基本上都是生活污水。城市污水高空排放，不仅脏而且臭，最后到了忍无可忍的程度，于是明排被改造成暗排。洪崖洞排水的历史从此结束。2006年，开始改造洪崖洞片区，说是要造“洪崖洞巴渝吊脚楼民居区”，也有人说要建一个“洪崖洞传统民居保护区”，最终，洪崖洞被改造了。设计者为了保留“洪崖滴翠”的意象，特意留下一段崖壁，并造了一个洞，若是洞上排水，人们还是可以领略一点曾经的“洪崖滴翠”韵味。

洪崖洞旅游商业区，如今实在是太火爆了，谁也不能说这与传统的洪崖滴翠没有一丁点关系，但是，若说有关系，那么这个份额占多少呢，怕也很难划分。不管怎么说，洪崖洞旅游商业区不是凭空构造的，而是借用了以前洪崖洞民居的许多独特的文化元素，并吸收了一些洪崖滴翠的审美意趣，方才有了今日之成功，这么说，大概不会有人反对。

改造后的洪崖洞旅游商业区（姜孝德　拍摄）

# 寻幽探奇说寨子

李正权

巴蜀各地，寨子随处可见，或大或小，大多建在山顶。多的地方，一个乡也有四五个。重庆北碚区的蔡家岗镇只有45.75平方千米，就有古寨11座，平均每四五平方千米就有一座，密度之大，堪称一绝。民国《巴县志》所列的“厄塞表”，全县有152处，除佛图关、二郎关、青木关等少数几个“关”（正式的或官方的军事设施）外，竟有寨子140多个。清道光《江北厅志》所列寨子，则有82个。道光年后，四川重庆社会更加混乱，兵乱匪患更重，新建寨子层出不穷，加上原有的，少说也有100个以上。如今重庆主城区基本上是原巴县、江北县所辖地界，还包括原合川、璧山的部分地界。也就是说，仅重庆主城区这片土地上就有240多个寨子，每隔八九千米就可以看到一个，真可谓星罗棋布了。

寨子因寨而得名，也简称为寨。寨本写作“砦”，也写作“柴”，本指四周的栅栏或围墙，后来引申为四周有栅栏或围墙的地方。栅也称为栅栏，《说文》有曰：“栅，编竖木也。”也就是把若干木料竖起来，按顺序排列，编织在一起，形成栅栏。栅栏就是用“栅”做成的“栏”。事实上，栅与寨的读音相近，二者渊源相同。最早用栅栏围起来的寨子，因木料易于腐烂，遗址不好保存，我们也就不知道其起源于何时。用围墙围起来的寨子，在距今四千多年前的四川三星堆遗址就已经有了。不过，三星堆却被称为城。城是典型的军事建筑。城堡、城池、城垛、城防、城关、城壕、城楼、城邦、都城、边城、城下之盟、攻城略地、万里长城、众志成城，都反映了城的军事功能。寨也是军事建筑，因而也就有诸如军寨、营寨、寨堡、寨墙、寨屋、寨壕、寨沟、安营扎寨之类反映寨的军事功能的词汇。从广义上来说，城就是寨，寨就是城，寨与城应当是同义的。

开始时，只要筑有城墙就称为城，其实那城小得现代人无法想象。三星堆可能是古代蜀国的都城，占地面积比较大，不少于四万平方米。巴人曾在广阳坝江对岸筑有滩城，只有“周一百步，阔五尺”。“周一百步”，即使以周制八尺为步（周代一尺只有20厘米左右，比现在短得多），抛起计算，周长不过200来米，面积也就只有2500平方米左右，比三分之一个足球场稍大一点，实际上也只是一个小小的寨子。从建筑格局、建筑形态及其功能来说，早期的城与后来的寨几乎没有区别。因此可以说，三星堆古城或许就是中国最早的寨子①。

从词源学考察,寨或寨子的出现就比城晚多了。大概到了南北朝时期,才有了寨的说法。那时,寨只限于军队行军过程中或临时驻扎时修建起来的防卫设施,大多还限于用木栅栏构建的防卫墙。鉴于木栅栏的防卫能力较弱,如果军队驻扎的时间较长,往往就要筑城。这样的城,大多是临时使用,可能不像正规的城那样牢固,但与城也就没了区别。由于是军队临时性驻扎的地方,就被称为寨。《陈书·熊昙朗传》:"时巴山陈定亦拥兵立寨。"这是文献上出现最早的寨。从中或许可以推想,这样的寨带有临时性质。

后来,就把那些临时修建起来用于防卫的城称为寨,以区别于那些固定的正规的城。但是,什么是固定什么是临时,什么是正规什么是不正规,却不好区别。在相当长的时期内,城与寨往往没有认真区分过。例如重庆合川的钓鱼城,是抗击蒙古临时修建的,却叫作城而不叫作寨。而与钓鱼城同时修建起来,也是为了抗击蒙古铁骑的重庆云阳磐石城,也被称为磨盘寨,城与寨就没有了区别。即使到了晚清,一些农民自己修来防范土匪的寨子,竟然也有称为城的,例如重庆渝北就有号称天城的寨子。

寨也指边境的防御墙和大型屯兵堡寨。宋代甚至把寨作为一级军事行政单位,不过大多设置在边远地区,由州或县管辖,相当于镇。《水浒传》第三十三回就有《宋江夜看小鳌山,花荣大闹清风寨》的故事,那清风寨也名清风镇,隶属于青州。那知寨刘高就很有些来历,为非作歹,终被花荣所杀。

图1 合川钓鱼城(陈远鸿 摄)

本来用于军事目的的寨,后来得到引申,凡是有栅栏或围墙围起来的地方,都被称为寨或寨子。于是,寨或寨子就有了三种含义:一是指用于军事目的的寨,例如军寨、营寨、寨营之类;二是指四周有栅栏或围墙的村落,例如村寨、寨落、苗寨之类;三是指强盗土匪聚居的地方,例如寨主、压寨夫人之类。要区分寨或寨子的含义,只能将其置于说话人的语境中,从说话人所说的事儿以及其前后的

① 三星堆古城与郑州古商城、黄陂古盘龙城的筑城方法非常相似,但后者距今3500多年,而三星堆古城或许更早,因此我们把三星堆古城作为最早出现的城。近年来,考古学家又相继在湖南澧县境内发现了距今大约6000年的城头山古城遗址,在浙江杭州发现了距今5000多年的面积达290万平方米的良渚古城,但相关考古成果还在鉴定中,我们暂且将三星堆古城作为最早出现的城。

语句中去体会。不仅寨或寨子如此，即使像山寨、水寨、边寨、寨墙、寨垛、寨壕、寨沟、寨屋之类，是指的军寨还是村寨，或者是指强盗土匪聚居的地方，也需要有一定的语境条件才能区分，需要听话的人或读书的人从语境中去体会才能明白。

总体来说，城与寨子的区别，大概可以归纳为五个方面：一是从功能上来说，城是长期固定的建筑，寨子往往是临时修建的。二是从规模上来说，城的规模往往较大，寨子的规模一般都不大，不能与城相比。三是从地理位置来说，城一般建在交通要道上，寨子大多避开交通要道，往往建在荒山野岭。四是从管理角度来说，城里驻有相应的行政机构，寨子里即使有相应的行政机构或官方人员，也是因为军事的原因临时驻扎。五是从日常形态来说，城里往往有较多人口，形成有市场，相当繁华；寨子里虽然有人，但不多，而且还有相当多的寨子只是作为紧急情况下备用的设施，平时可能并不住人或只住极少的人看护，说不上使用，军事功能往往是闲置的。

发展到后来，寨子就主要指民间的一种军事建筑，既不是村寨，也不是军寨，但又包含了那些具有较为完备防卫设施的村落，也包含了那些专门修建起来作为防卫的军事建筑设施，还包括了强盗土匪占据的有较为完备防卫设施的地方。其特点，一是四周建有围墙（城墙）或利用地形地貌形成了较为完备的防卫设施，二是主要是由民间修建或由民间使用的，三是主要是用来防范强盗土匪和战乱的，当然也有一些寨子是强盗土匪占据的。

一般来说，寨子都修建在山顶或崖边。作为军事建筑，寨子主要是用于防卫的。冷兵器时代，要攻下那山顶崖边的寨子，很难。据记载，红军到了陕北，为攻打一个寨子，花了很大力气也没有成功；后来还是想办法发动寨子里的群众，来了个里外合击，那寨子才被攻破。正因为如此，地方守军、豪绅富商、土匪兵痞以及农民起义军均要找一合适处建寨子，以作后方根据地。

建在山顶的寨子最多。重庆大足北山，古名龙岗山，距县城两千米。唐代末年，军阀混战。时任昌、普、渝、合四州都指挥和静南军使的韦君靖，在龙岗山上修建永昌寨，将昌州州治也搬进寨里，储粮屯兵，以固自己的地盘。那永昌寨周围长14千米，四周悬崖峭壁，易守难攻，可保无虞。后来，他又组织能工巧匠，在寨子里凿石造像，“凿出金仙，现千手千眼之威神，具八十种之相好”，首开大足石刻先河。如今，大足石刻已经成为世界文化遗产，名扬中外。去大足北山看石刻，依然可以看到那山沿悬崖上的寨墙遗迹，还可以想象当年那唐寨的雄风。

四川犍为县的罗城古镇规模不大，坐落在一个椭圆形的山丘顶上，四周都是悬崖，东西长，南北短，像一把织布的梭子，叫作凉厅子。罗城本是“军事铺”，始建于明末崇祯年间，主要用于屯兵制夷（西南少数民族），镇西的营盘山就是当年的屯兵之地。清朝咸丰、同治年间，李永和、蓝朝鼎农民起义就曾以罗城为根据地，坚持数年。1908年，同盟会四川省负责人熊克武也曾来到这里，秘密制造炸弹，欲将罗城建成推翻清王朝的根据地。从修建到使用，罗城实际上就是一个寨子。

图2　犍为罗城(吴元兵　摄)

重庆垫江县鹤游坪则建在丘陵上,“岿冠高耸。四周悬岩峭壁,路绕羊肠,盘曲而上,后人于扼塞处设有卡寨。东西山缭绕屈曲,拱护如莲瓣,坪其要也。州同署居其中,名保和寨”(《涪州志》)。从明末以降,川东发生过不少战乱,人们大量修筑寨堡,以护家园。鹤游坪寨堡有两大特点,一是面积大,周长在210华里以上,可算是世界上最大的山寨式城堡;二是在大城堡内,又有几十个小城堡,这种城堡中有城堡、寨子中有寨子的格局,世所罕见,有独特的军事防范功能。清代还曾在鹤游坪寨子里设分州府。

图3　垫江鹤游坪古寨遗址(李正权　摄)

重庆丰都县栗子寨的地势更加险要,坐落在一座向一面倾斜的高山上,最高海拔1428米,四周是悬崖峭壁或陡坡,山脚下有3条小河围绕,构成天然的护寨河。进寨只有4条险路,前山一条,后山一条,左右两边各一条。栗子寨是其总名,栗子寨里修了48个小寨,每个寨口都有寨门关卡,整个寨子共有48道山门,都是一夫当关、万夫莫开之卡。因地势险要,这里历来是土匪的藏身之地,匪地之争、剿匪之战,不知经过了多少血雨腥风。据说,张献忠曾路过此地,秦良玉曾在此建设有行宫,石达开也曾在此驻过兵。20世纪30年代，川东"土地会"起义诞生的红军游击队，曾以栗子寨为中心，建立了革命根据地。新中国成立初期，有土匪占据栗子寨，被解放军攻克。如果你有机会去游览，可能还能感到那栗子寨的草草木木中都还充满着杀伐之气。

最让人叫绝的是建在悬崖半腰的寨子。四川宜宾市的长宁、江安两县交界处的蜀南竹海风景区中有--天宝寨，就建在悬崖中间的绝壁上，依天然洞穴地势构成。寨长1500米，高20米，宽10米左右，洞顶部系岩石构成，多为半边洞，依洞而建，曲折奇特，内有独具匠心的13道坚固的石寨门，地形险要，可谓天险固堡。相传是清咸丰年间地方官府为防御石达开太平军入川而建。民国初年，匪盗为患，地方豪绅为了防匪防盗，曾搬到此地居住。重庆江津区四面山也有这样的寨子，新中国成立初期被土匪占据。解放军前去攻打，动用了迫击炮之类的重武器，费了很大的力才攻下来。

还有一种寨子则将军事防范功能与其他功能结合起来。重庆云阳县的彭氏宗祠雄踞于群山之间陡峭的岗峦之上，坐西向东，复式四合院布局，占地3500平方米。虽然没有城墙，但四周房屋的墙体全部是用条石砌成的，厚达1.3米，形同坞堡。坞堡内，有门厅、享殿、耳房、厢房、高楼及四角炮楼。高楼居两院正中，木结构九级楼阁式，可以监视方圆几十里的情况。作为祠堂与坞堡结合的群体建筑，彭氏宗祠集祭祀、防护、住宿为一体，具有明显的军事防范功能，也可称为寨子。

图4　云阳彭氏宗祠（李正权　摄）

围沟、栅栏可能是最早的军事建筑，而城、镇、寨、堡最早也是军事建筑。到了近代，天下大乱，军阀混战，兵匪横行。作为民间的军事建筑，寨子得到极大发展。豪绅富商们或独资或集资，在家门附近的山头上修起大大小小的各种寨子。笔者当知青时，曾爬到一个寨子里去看过。那寨子虽已破败，但基本格局还在。寨子修在山顶上，成圆形，直径约100米。那山顶较平缓，四周是城墙，用条石砌成，高约一丈。城墙外是悬崖陡坎，从外面看，就更显得高峻，要攻进去也就很难。寨子里本有房屋，已垮塌，只剩地基隐在野草丛中。寨门比城墙高，已不复存在。由于极少人再去，那上山的路也废弃，极难走，我们几乎是手脚并用才爬上去的。

那时，如遇兵匪来犯，豪绅富商以及一般农民便会扶老携幼，往那寨子里躲。寨子易守难攻，若无特需，兵匪也不去攻打。只要能在寨子里坚持几日，便可躲过一场灾难。但若被包围得过久，寨子里便会不战自乱。主要是饮水问题。寨子在山顶，往往缺少水源。几十上百人，甚至几千上万人，无水可饮，那就麻烦。马谡失街亭，就因在山上扎寨，被魏军围困，因缺水引起兵乱而败。钓鱼城之所以能坚持那么久，就在于那“城”里有水。据传，当守军把一条活灵灵的鲜鱼举到城门上，进攻的元军见了便蔫了气，只好撤走。可见水对于寨子的重要性。

不少寨子占据着好山好水，自然就有了好风光。位于重庆巴南区与江津区交界处的云篆大寨，占地500余亩，寨墙长4000多米，东西南北险绝的隘口处用条石卷砌成高3~5米、宽1.5米的寨门4道，悬崖险峻，苍松挺立，藤萝垂挂，野花满布。更有九堡十三湾，堡堡有林，湾湾有水。清巴县知县王尔鉴诗云：“涧影环飞瀑，江涛曲泛松。”即可知其景色之迷人。因此，“云篆风清”被列为清巴渝十二景之一。那寨墙、寨门至今犹存，山水秀丽依旧。其实，前文提及的大足龙岗寨、合川钓鱼城、犍为罗城、蜀南竹海天宝寨、云阳彭氏宗祠等，如今都已经成为旅游热点。

1949年后，社会安定，寨子失去作用，毁弃的居多。作为历史陈迹，除了钓鱼城那样在历史上起过重要作用、云篆大寨那样至今仍可作旅游之处，寨子逐渐从人们的视野中消失。作为文化现象，寨子可以从一个独特的角度窥见社会历史的变迁，因此应当加以研究。谁能就此写出一部专著来，将是功德无量的事。

# 书山有路勤为径
## ——余强教授学术研究回顾

黄亚玲
（重庆市文化和旅游研究院）

余强近照

余强，四川美术学院原设计艺术学院教授、硕士生导师。中国美术家协会工艺美术艺术委员会委员、重庆市非物质文化遗产保护协会副会长。中国工艺美术学会原常务理事、中国工艺美术学会民间工艺美术专业委员会副主任委员、重庆市美术家协会设计艺术委员会副主任委员。长期从事艺术设计史论的教学和研究工作。担任第十二届、第十三届全国美术作品展览（设计展）复审评委，第一届全国工艺美术作品展评委，国家艺术基金、社科基金评审专家等。主要研究方向为现代设计艺术历史及理论、中外服饰史研究、西南民族民间工艺文化研究。

1957年12月，余强出生于四川自贡，1975年高中毕业，即响应号召下乡务农。1978年—1980年，他被招工到自贡科委从事了两年科普宣传工作，积累了扎实的美术基础。1980年，他以优异的成绩考入四川美术学院工艺美术系，就读染织美术设计专业。那一届四川美术学院只招收了染织、陶瓷和版画3个专业，共30名学生。一路走来，余强有幸见证了四川美术学院从恢复高考以来逐渐发展的辉煌历史。值得一提的是，四川美术学院工艺美术系的前身是1939年由我国工艺美术教育家李有行、沈福文先生创办的四川省立高级工艺职业学校（后更名为“四川省立艺术专科学校”）时期的工艺美术科。20世纪50年代，在重庆与几所学校合并成立西南美术专科学校后发展成为实用美术系。下设的印染教研组，后组建为染织美术设计专业，发展成为现在的服装设计系。四川美术学院的染织美术设计专业是李有行先生在国内最早开办的专业之一。到了20世纪80年代，四川美术学院染织美术设计专业十分重视民族民间工艺课程体系建设，开设了限色写生、传统装饰纹样、少数民族地区考察、染织美术设计等专业课程。1984年7月，余强从工艺美术系染织美术设计专业毕业并留校任教。1986年到南京艺术学院随著名工艺美术史论家张道一先生研修工艺美术概论一年。在那里他认识了同在张道一先生门下读研究生的许平、李砚祖、徐艺乙、胡平和一同进修的孙建君等同道师兄，为他从设计专业的教学转向史论研究与教学打下了基础。返校后，他一边教“设计基础”，一边教“设计史论”，并把自己的研究领域定位在设计史论的学术前沿和西南地区民族民间手工艺文化的研究两个维度上。这使他能从图案学、工艺美术学到艺术设计学的学科研究中探讨其发展的学术问题，从工艺文化入手研究西南地区传统手工艺传承的文化生态问题，以此拓展出自己的研究领域。自1984年从四川美术学院毕业至今，余强从事设计实践和理论研究三十余年，取得了丰硕的教育与研究成果。

余强作品:《傣舞》扎染壁挂

余强作品:《水粉花卉写生》

余强作品:《油画人物》

## 一、深入田野调查，探索以研促教

余强教授将自己的研究课题带到对研究生、本科生的教学中，带领学生到西南的重庆、四川、云南、贵州等地区，广泛开展田野调查，撰写毕业论文，把少数民族装饰图案元素运用于设计中，培养了大量的设计实践和理论研究人才。

余强带领学生在民族地区考察

2010年，由他主持的中央和地方共建项目“西南民族民间工艺实验室”，利用项目提供的经费，组织学校青年教师及研究生团队，在西南地区开展田野调查。经过几年的时间，收集整理了上千件西南地区民族民间手工艺实物以及相关文献资料，在学校实验中心设立了陈列室和工作室，供学校师生及相关研究机构学习和使用。以此工作室作为平台，2011年，余强教授带领研究生团队，前后经历两年多的时间，分几次前往云南、贵州部分少数民族地区以及重庆周边地区考察，将调查与实际感受结合，出版了《人工开物——西南民族民间工艺文化生态》论文集。他在该书导论里写道：“工艺文化生态是以人与自然、人与环境、人与造物形态的关系为轴心，以揭示人的生命状态、生存环境以及如何才能审美地生存、诗意地栖居为目的的一种理论研究和学科建设。”[①]该书以田野调查为重要依据，把文献资料研究同实际走访有机结合，将民间工艺的审美放入现代生态学理论的视野下加以观照，从而揭示在生命活动本真状态下人类的活动方式。其中，尤以云南丽江东巴纸文化、西南民居、云南周城扎染工艺、贵州苗族蜡染艺术、重庆铜梁龙彩扎技艺、四川夹江竹纸制作技艺等调查作为研究的代表性案例，结合学理性的思考，探讨了西南地区民族民间工艺文化的地域性特征和文化生态的保护与传承价值。

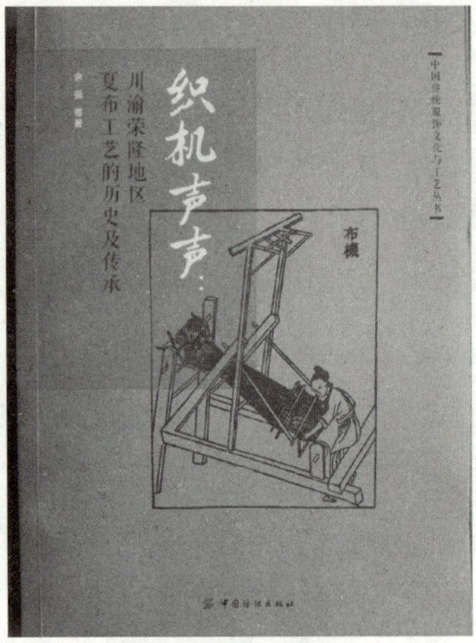


早在2008年,余强教授就开始带研究生赴重庆荣昌考察夏布、陶器和折扇工艺,走访了颜坤吉、陈子福、罗天锡等非物质文化遗产代表性传承人,指导研究生完成相关毕业论文。在此基础上,他申请了清华大学美术学院艺术与科学研究中心“柒牌非物质文化遗产研究与保护”基金项目,历经三年完成了《织机声声:川渝荣隆地区夏布工艺的历史及传承》一书,由中国纺织出版社出版。在课题的研究过程中,他曾带领研究团队在川渝的荣隆地区调查了农村部分生产夏布的企业、小作坊和一些农户,取得宝贵的第一手资料,结合夏布工艺的历史传承,对其材料工具、制作技艺及承续现状做了较为详细的梳理和分析,以探讨荣昌夏布作为非物质文化遗产的再生意义与社会价值,填补了这一领域研究的空白。凤凰卫视的记者还专程到学校和荣昌为余强教授的研究拍摄了专题片。该书获中国纺织工业联合会颁发的优秀读物二等奖。之后,他又继续在清华大学美术学院艺术与科学研究中心申报了“中国传统绞缬工艺方法研究”项目,并带领研究生深入四川自贡、云南大理和贵州凯里进行实地考察,详细记录了有关绞缬的工艺方法,并将其归纳整理,图文相照,研究了扎染工艺的历史发展和图案的分类,对传统工艺创新问题进行了思考。随着材料的积累、课题研究的深入,他又申报了“重庆市艺术科学研究与规划项目”,对这一专项领域的历史及理论研究做了更为深入的分析和阐释,并撰写了专著《承续与变迁——西南传统染缬工艺文化研究》一书,其中对历史文献中有关染缬的概念,以及对其所包括的夹缬、蜡缬、绞缬、灰缬、粘膏染的释读,做了重新审视,对传统工艺的当代转化提出了自己的不同见解,所阐释的观点为西南地区在这一领域的研究提供了新的思路。

2016年,余强教授将自己多年来带领研究生外出考察所撰写的论文结集出版了《西南民族民间工艺文化研究》一书,论文以理论联系实际、访问对话等方式,针对西南地区民族民间尚存的工艺文化进行了详细的记录和深入的理论探讨,全书分为“民族民间工艺篇”和“工艺美术产业篇”两个部分,从不同的理论视角详细地分析和阐释了西南地区不同类型的民俗文物、民间工艺文化的历史及发展变迁、民间工艺产业发展现状,可为后续的研究提供更多学术参考。

余强教授一直坚持田野调查，强调对民间工艺的研究需要亲自去看，去发现问题，以便能深入地思考传统工艺文化的发展路径与现代转化。在教学繁忙的时间里，他撰写的《荣隆地区夏布工艺的历史与传承》《中国民间传统染缬工艺考析》《青出于蓝而胜于蓝——民间印染的生态性选择》《四川古严道砂器与陶器考察记》《自贡清代会馆、祠堂建筑与戏台装饰寻绎》等数十篇论文，发表于《中国美术馆馆刊》《民艺》等杂志上，为西南地区民族民间工艺文化的研究提供了重要研究文献，具有可资参照的学术价值。

## 二、致力非遗保护，坚定文化传承

2003年，联合国教科文组织第32届大会通过了《保护非物质文化遗产公约》，在世界范围内开展抢救和保护非物质文化遗产这项伟大的文化传承工程。2005年3月，国务院办公厅印发了《关于加强我国非物质文化遗产保护工作的意见》。同年12月，国务院印发了《关于加强文化遗产保护的通知》。随后，重庆对非物质文化遗产的保护和传承工作相继展开。2014年，重庆成立了非物质文化遗产保护协会，作为重庆非物质文化遗产保护协会副会长，余强教授被聘为传统美术、传统技艺两个类别的专家顾问，经常参加非物质文化遗产的专业咨询、学术研究和调研交流工作，对重庆非物质文化遗产保护工作做出了自己应有的贡献。从非物质文化遗产保护的原真性、整体性和传承性原则出发，余强教授认为，非物质文化遗产的传统技艺的技术与艺术是分不开的。他把传统手工艺的保护分成几个方面，第一个方面是抢救性保护。有一些传统工艺已经失去了实用价值，还有一些是手工艺人已不能再生产的民俗文物，需要保存在博物馆、陈列室等地供人们学习和研究；对于一些高龄的国家级非物质文化遗产传承人，需要进行抢救性的保护，通过口述历史的方式将技艺流程和工艺思想整理出来并进行数字化存档，如陈思碧的漆艺、康宁的刺绣、陈子福的折扇、李昌义的花丝镶嵌等，以供研究和借鉴。第二个方面是生产性保护。许多传统手工艺仍然在发挥生活的实用功能，需要活态化的传承与保护，其中一类是掌握特殊技艺的工艺美术大师和传承人，作为个体创作，技艺仍在不断地精进；也有部分人为了适应市场的需要，将产品产业化，在传统手工艺基础上进行文创设计、旅游商品设计等。如山神漆器、鸦屿陶瓷、壹秋堂、三峡绣等私营企业或作坊，需要与时俱进，不断地根据市场需要创新产品。第三个方面是传统工艺的借鉴与产品创新。就是研究并借鉴传统手工技艺与方法创新制作当代手工艺品，如高校手工艺专业师生创作的作品和一些个体创作的当代工艺美术作品。针对这几个方面，他不仅开展了大量的田野调查，从抢救性保护，到对传承人工艺水平提升，甚至产品包装设计都给予了充分的指导和建议。他受聘担任了几届重庆市工艺美术大师和重庆市非物质文化遗产传统美术和传统技艺组的评审工作，在重庆工艺美术大师和非物质文化遗产项目级传承人的评审、非物质文化遗产保护和传承的政策制定，以及非物质文化遗产的转化利用等方面都发挥了自己的作用。

“中国非物质文化遗产传承人群研修研习培训计划”自2015年开始实施以来，充分利用高校的学术和教学资源，通过组织非物质文化遗产代表性项目的传承人群到高校学习专业的理论知识和工艺技术、开展交流研讨与实践，帮助非遗传承人群提高专业技术能力和非遗保护传承水平。余强教授先后参与了大师进校园、漆器、刺绣等多个研培学习班的授课，将工艺文化思想向重庆市非物质文化遗产传承人传授，以提高从业者水平。2017年，为了“构建中华优秀传统文化传承体系，加强文化遗产保护，振兴传统工艺”，由文化部、工业和信息化部、财政部制定，经国务院同意，《中国传统工艺振兴计划》发布。近年来，余强教授投入传统工艺的振兴和传统工艺与现代社会融合的研究中，作为专家参与了重庆传统工艺振兴的调研和相关政策咨询工作。在开展调研的过程中，余强教授一直鼓励研究生的毕业论文围绕民族民间工艺的项目来展开，目前，余强教授的研究生已对重庆漆器，重庆竹编，重庆蜀绣，荣昌陶器、折扇、夏布，花丝镶嵌等几十个西南地区非物质文化遗产项目的历史渊源与发展历史进行了详细记录和研究，形成了一批具有文献价值的研究论文。除此之外，他还担任国家出版基金项目《中国少数民族设计全集》中的《傈僳族卷》和《纳西族卷》的执行主编，历时6年时间完成编写、出版。余强还担任《中国工艺美术全集·重庆卷》副主编，《重庆工艺美术卷·概览篇》执行主编，为完成这些工作，无论酷暑严寒，他带领青年教师和研究生团队走访西南地区和重庆各个区县，广泛地开展实地调研，完成了30万字的整理和撰写工作，已交出版社审校。近日，重庆市文化和旅游研究院正在编撰《中国民间工艺集成·重庆卷》，余强教授作为专家，为团队提出了诸多可行的意见和建议，为编撰团队开展实地调研提供了可以借鉴的思路，并详细介绍了四川美术学院西南民族民间工艺实验室的展品和相关项目，为参与编撰的年轻学者提供了一些宝贵的图文资料，目前《中国民间工艺集成·重庆卷》项目已完成前期调研工作，图文编撰也正在进行中。

## 三、创新设计理论，培养设计人才

余强教授在他的书中提到：“设计教育是一个巨大的系统工程，它不仅是一个学习和花时间训练的问题，而且是一个设计观念的建立和创作能力的培养问题。”教书育人三十余载，余强教授致力于设计学科建设的多维研究，在教学的理论思考与实践中，形成了许多研究成果。主要有以下三个方面。

一是在教学实践中重视对装饰图形设计的方法、设计基础理论的研究，以培养学生理论思维与设计创新的能力。针对设计教育基础课程“图案与构成”的教学，余强教授在教学实践中展开深度研究，发表了数篇专业论文探讨设计基础课程体系的建设和改革创新。发表在《装饰》2001年第1期的《图案与构成教学辨析》一文，就装饰图案与三大构成等基础课程的关系进行探讨，从而引导学生对视觉图形的构成方法进行思考，激发学生的创作想象力。发表在《装饰》2002年第7期的《李有行归纳色彩写生方法的再认识》一文，详细而系统地分析了四川美术学院创始人之一李有行先生创立的归纳色彩写生方法及特色，从色彩写生课程体系与图案设计之间的联结出发，提出“归纳色彩写生的构成之美和装饰之美，应重视这一写生体系的内在逻辑和教学指向，并强调这一色彩写生方法具有设计专业的基础地位和划时代的意义”[②]。收录于《21世纪中国高等美术院校艺术设计教学经典》论文集的《图案与色彩在构形中的创意分析》和《民间传统装饰造型中的美学理念——以贵州苗族蜡染图案为例》，探讨图案的装饰造型与色彩的关系，阐释民间传统工艺造型与色彩的美学观念的意义与价值。同时，余强教授还主编了《四川美术学院设计艺术系教师色彩作品精选·色彩作品精选》《装饰艺术设计丛书》等设计类图书。这些围绕设计艺术基础教育开展的图案、装饰、色彩、构成的研究，是他在教学实践中的理论总结，这些成果集中反映在他的课程教学中。在四川美术学院设计艺术学院，余强教授主要讲授“设计学概论”“设计批评”“中外服饰史”“服装设计概论”等主干课程。为了上好这几门课，以研促学，他潜心于现当代设计的历史及理论、中外服饰史的研究，他撰写的文章《从工艺美术到艺术设计学科建设》被收录在清华大学美术学院《装饰》杂志创刊50周年学术研讨会论文集中，他还发表了《设计艺术的跨学科研究》《工匠精神与设计教育》等相关学术论文20余篇。

二是组织筹建了设计学史论专业，建立并完善了设计学史论课程体系。1999年，我国高校开始扩招，各个专业院校新设立了不少新的学科方向，四川美术学院也不例外。自扩招伊始，余强教授作为设计艺术系的领导，参与组织筹建了新增的设计艺术系设计学史论专业。从2000年开始招收第一届本科生开始，积极探索培养学生的创新意识和开拓精神。为了培养适应社会发展需要的综合性人才，他又开始筹划招收“设计策划与管理”专业方向的本科生，成为国内高校最早开办的专业方向。余强教授非常重视设计学专业的学科建设，按艺术学科划分的方法，将设计学划分为设计历史、设计理论和设计批评几个板块，构成设计学专业学习的基本内容。设计学专业的学生在大三、大四年级需要前往重庆市内外的博物馆或民族地区进行田野考察，结合学习的理论内容撰写考察报告或专业论文。设计策划与管理、广告学方向的专业属于应用性学科，在课程设置上强调理论与实践的结合，需要到广告公司或社会企业实习。余强教授在设计艺术系不仅承担了本科的主干课程和专业实践课等多门课程的教学，还承担了设计学史论方向研究生的指导工作。每年的6月份，他都要带一到两个本科生班级和自己指导的在读研究生前往云南、贵州等地开展调研、考察。

三是编写设计艺术理论著作和教材，培养设计专业人才。在理论著作和教材方面，余强教授主编了重庆大学出版社出版的《设计艺术基础理论》《艺术设计方法与实践教程》等多部颇具影响力的设计艺术丛书，这些书成为许多院校使用的专业教材。2002年，他与北京服装学院、南京艺术学院联合主编了“服装设计”系列丛书，受到高校服装设计专业师生的欢迎，其中由他编著的《服装设计概论》，按服装设计的教学大纲要求，从服装的基础知识和设计两个方面入手，立足于我国现代服装设计教育及服装行业对人才的需求，从设计理论、设计方法及产业发展等综合角度，对服装设计做了全面、系统的阐述，以概论方式呈现给读者。《服装设计概论》于2008年由西南师范大学出版社出版，2016年由中国纺织出版社再版。2006年，为了加强学科建设，余强教授负责主编“设计艺术基础理论”丛书，其中他自己编著的《设计艺术学概论》，系统地对设计艺术学的基本理论进行了梳理和阐释，这本书也是四川美术学院设计学专业本科生和研究生使用多年的理论教材。2011年，国务院学位委员会和教育部将“艺术学”升格为门类学科，“设计艺术学”的学科目录改为“设计学”。为体现“设计”的交叉学科或边缘学科的性质，治学严谨的余强教授在原有基础上做了必要的修改和补充，在再版时，将其改为《设计学概论》。2017年，余强教授与研究生杨万豪编写了高等院校应用型专业心理学教材《艺术设计心理学》（西南师范大学出版社出版），通过理论与实践结合，以心理学原则和方法作为主线，建立起设计心理学的基本框架，以便构建与各专业相适应的设计心理学内容，使设计师能在有限时间内学习和掌握必要的设计心理学知识。余强教授在2018年出版的专著《造物设计：几何精神探析》集中了他对设计历史与理论的思考。书中以人类造物的数理逻辑作为主要线索，从概念形态的几何空间出发，切入和讨论中西方关于抽象的几何形态发生发展的原理、规律和意义，探讨其各自的哲学观念和话语系统，阐释中西方造物设计几何观念发展、演变的不同路向。他在书的前言中写道：“几何图式语言是设计师最能表现造物设计意念和设计情感的一种最直接方式，是设计师和大众得以交流的视觉语言符号。因此，几何可以说是形式的结构，几何分析就是形式结构的分析。对设计进行几何解构和重组是造物设计的基本手段。”[③]作为一名高校教师，余强教授坚持理论联系实际，在孜孜不倦的设计教学实践中，总结教学方法和经验，从对装饰图案的教学方法研究，到系统归纳服装设计的教学理论，再到建立设计学科的基本理论体系，所主编和撰写的教材、学术专著对设计学科的建设和设计人才的培养都起到了积极的作用，反映了他一直的学术追求和人生理念。

余强教授从事设计理论和西南地区民族民间工艺研究三十余年，是重庆工艺美术、传统民间工艺以及非物质文化遗产保护与传承领域的知名学者和专家。他先后指导的研究生有50多名，多数在高校从事教育工作或在研究单位从事研究工作。余强教授为人谦逊，博学睿智，温润儒雅，虽至退休年龄，但是依然坚持田野调研，坚持学习，坚持写作，实在是我们学习的榜样。作为余老师的学生，我很荣幸在本科和研究生阶段乃至工作以后都一直受到老师的指导和帮助，感谢余老师的教导和鼓励。写此文时，我再次阅读了老师的研究成果，深受启发和鼓舞，在研究传统文化传承的道路上，我深知只有不断学习，不断探索，不断实践，不断创新，才能更好地为社会做出自己应有的贡献。

**参考文献**

[1]余强，谢亚平，等. 人工开物：西南民间工艺文化生态[M]. 重庆：重庆大学出版社，2013.

[2]余强. 李有行归纳色彩写生方法的再认识[J]. 装饰，2002(7)：64-65.

[3]余强. 造物设计：几何精神探析[M]. 北京：中国纺织出版社，2018.

# 翰墨溢彩　画留永恒

## ——忆书旂兼论《世界和平的信使》

朱渝生

本文以抗战时期位于重庆沙磁区的国立中央大学为切入点，着力论述一位饮誉海内外的、卓有成就的爱国花鸟画家——张书旂的艺德风范及其创作。张书旂，一个响亮的名字。他为弘扬中华文化，增进中美之间的文化交流与友谊，曾于20世纪在重庆沙磁区精心创作过一帧巨幅中国花鸟画。而画家及其子女，还有这幅画也一同见证了中美两国的交往过程。

追读历史，探寻真相。品读张书旂、忆其岁月、谈其教学、论其艺术，就可以揭示20世纪三四十年代尘封已久的一段鲜为人知的史实。

家父朱世褆、表叔何方华与张书旂先生不但认识，且有亲密接触和交往。尤其是表叔何方华还是张书旂于抗战时期在重庆国立中央大学艺术系执教时的学生，他们之间有一段弥足珍贵的师生之情及逸闻轶事。

1940年7月，父亲从国立中央大学毕业后，在渝终身从事教育、教学工作。他既是何方华的表哥，又是其学长(年长他4岁)，且都是山东人。他们的中学时代(初中和高中)都在山东省立第六中学校度过。1935年至1937年，父亲就读于青岛国立山东大学文学院中国文学系。

1937年7月7日傍晚，震惊中外的“七七卢沟桥事变”爆发，日军大举入侵中国，抗日战争由此全面爆发。不久山东沦陷，山东大学被迫搬迁至四川万县(现重庆万州区)，最后暂行停办。祖母何思霞和父母三口之家，随同学毛怀荫家人一道，由鲁西平原，千里迢迢，一路奔波，先期到达湖北咸宁县(今咸宁市)，之后再至四川万县，最后来到大后方山城重庆沙磁区，从此在异地开始了全新的学习、工作与生活。

1937年11月20日，林森以国民政府主席身份颁布“正式迁都重庆”的主席令。这年秋天，国立中央大学由南京内迁重庆沙坪坝松林坡，与重庆大学相邻，并在重庆大学的土地上大兴土木，建设新校区，从而组建了新的国立中央大学抗战教学体系。

1938年3月，父亲与山东大学在万县的同学整体并入国立中央大学各自专业继续学习。1939年暑假，表叔何方华在渝背着其父报考以徐悲鸿为系主任的国立中央大学艺术系。此时，何方华的父亲何思源先生，任山东省教育厅厅长。作为政府官员的何思源留在沦陷区，在鲁北一带组织部队与日本侵略军作战。故两地音信不通，其父何思源先生希望何方华学习政治经济或理工科，他却考取了内迁至重庆的国立中央大学艺术系。巧的是，这对来自异乡的表兄，有幸在山城再次成为同校文科学子，何方华亦入张书旂门下学习中国花鸟画。

张书旂，原名世忠，字书旂，后以字行，别号七炉居士，室署小松山庄，浙江省浦江县人，中国著名花鸟画家、美术教育家、中美文化交流的使者。张书旂是中国继近代"海派巨擘"任伯年之后又一位中国绘画写生派画家领头人，他与徐悲鸿、柳子谷并称为画坛的"金陵三杰"。张书旂擅长中国花鸟画，亦工山水画，尤以画鸽最著名。1940年，张书旂在重庆沙磁区倾情创作了一幅名为《世界和平的信使》的中国画，作为中国国家礼物，赠送给美国总统罗斯福。此画倍受罗斯福喜爱，经过精心装裱，挂于白宫。罗斯福去世后，又移至美国海德公园罗斯福图书馆永久珍藏。

抗战中期，国立中央大学名师云集。徐悲鸿时任艺术系主任，授课的主要老师有：吴作人、傅抱石、黄君璧、陈之佛、张书旂等教授。张书旂负责写意花鸟画教学、创作和研究。他博学深识，待人和蔼可亲，教学严肃认真，对学生循循善诱，其精湛的技艺和高洁的品德使学生受益良多。

1940年(父亲应该在1939年7月毕业，由于内迁途中缺一学期课，教育部决定山东大学并入中大的同学集体多读一年)，父亲即将从国立中央大学毕业。就在这年春夏之交的一天，父亲到艺术系找他的表弟何方华商良毕业之事。不巧，他在教室上课，父亲就从后门进去，一看正是仰慕已久的张书旂老师在台上讲授花卉翎毛画技法。机会难得，父亲便悄悄地坐在最后一排旁听，并领略这位名教授、名画家的授课语言和技法示范的风采。父亲学的专业是中国文学，在中大时非常活跃，曾和徐中玉、张健等人发起组织"中大文学会"(地下党外围组织)，亦对书画有浓厚兴趣，且写得一手标准的颜体字，其字一丝不苟，颇有颜鲁公遗韵。从宽处讲，张书旂先生也是父亲的"一课之师"(古时有"一字之师"的说法)。

早年，我在父亲"文革"时期撰写的一篇对山东大学和中央大学任课教授的回忆录中查到一段他对中央大学学习、生活环境和对张书旂先生的描述。可用"真实、具体、生动"6个字，3个词来概括。现录一则记之："那时，中大图书馆很小，同学们看书去晚了经常没有座位，我们就只好多走一程路到邻居重庆大学图书馆去夜读看书。重大同学对我们也友好，多有体谅。由于学校搬迁，住宿条件差，同学们都住在一个大房子里，密集的双层木板床挤排在一起，过路都困难。加之山城闷热，空气不畅，到了晚上，蚊虫又多，个别同学脚臭、腋臭难闻，更有打鼾者，影响睡眠。当时，中大教授和名师，多数单身来渝。每位先生也只住一间小平房，比学生好不了多少。尽管师生生活条件很差，学习还是很紧张认真的。张书旂先生与我们文学院诸位任课教授交往甚密，其个性豪爽且交际甚广。每遇朋友和学生有困难，总是伸以援手，慷慨解囊。他乐于助人，处事豁达乐观。饮酒、划拳、下棋、打牌、吹箫是他的爱好。张先生曾说自己'拳、棋、牌、箫、酒，天下无敌手'。他常在醉意三分时，借酒兴作画，不乏得意之作。”这不就是家父为生活中的张书旂先生画的一幅生动的素描像吗？

张书旂在中央大学前后任教11年，他对艺术教育是有重大贡献的。其教学主张是：“取法乎上、博采众长、广益多师。”在他的画作中可以看到黄筌、徐熙、八大山人、任伯年的痕迹。他在教学中特别强调：“多写实物实景，并将写生物象的特征加以提炼和概括，凭借对自然景物写生的感受以求得心应手，构造师法造化之法”。据表叔何方华回忆，他在中大艺术系入学考试中，张书旂老师布置的试题是一枝胡豆花的写生(见何方华从艺手稿)。这在当时的艺术院校的入学考试中是很少有的举措。由此可见张书旂重视国画写生的艺术主张和教学方法，以及精研致用的艺术精神。之后，何方华在半个多世纪的高校艺术教学与创作中，受其老师影响，特别重视写生。张书旂常到动物园、植物园或公园观察、写生。有一年，他曾在成都动物园常住两月之久，与动物朝夕相处，深入了解鸟类的生活习性，画了几大本上千张写生稿。还有一年，他带领着学生到重庆南山写生一个月。故其画心手相随，富有生活情趣、明丽清新、秀逸俊雅、多有新意。

张书旂学过西洋绘画，能将水彩的用色方法融入花鸟画中，进而发展了任颐(即任伯年)等人在写意花鸟画中用粉的技法，从而形成了柔和恬静，又浓丽典雅的绘画风格。另外，张书旂在创作时，常用熟宣和高丽纸作画，尤以用粉著称，有“白粉主义画家”之誉。尤其在染色的仿古宣纸上，用白粉蘸色点染，计白当黑，手法巧妙娴熟，极见生动和功力。其花鸟画，取法任伯年，作画喜用白粉调和色墨，画面典雅明丽，颇具现代感。又得高剑父与吕凤子亲授，形成色、粉与笔墨兼施的清新明丽之风而独树一帜。

在业界，人们把张书旂的画称为“写生派”风格。他的写生花鸟画绘画艺术是近代中国花鸟画发展中的一种新的绘画技巧，对近代花鸟画的影响巨大。他作画，“用笔劲爽，章法巧变，题材多样，雅俗共赏”(何方华语)。

雅俗共赏，这里要先明确，所谓“俗”，不是“俗气”的俗，不是庸俗、粗劣、浅薄；所谓“雅”，也不是重复古人“岁朝清供”，“三秋图”等陈旧的题材和意境，也不是故弄玄虚，使人疑而不得，讶而不解才是雅。鲁迅先生说过：“必须令人能懂，而又有益，也还是艺术才对”。(1943年致某画家的信)。我国是社会主义国家，我们的文艺创作要坚持“二为”方向和“双百”方针，不强求艺术风格的一律，但要为更多的人服务，在普及的基础上提高。雅俗共赏，曲高和众，是应当重视、值得提倡的方法。我们赞成艺术作品要雅俗共赏，并不计毁誉沿此而努力。但也不反对别人选择的风格和方法，同时，也应尊重艺术家个性化的艺术探索。

张书旂先生是仁者，是名师。他在课堂上示范表演，思如泉涌，挥洒速疾，一幅示范画顷刻而就。据父亲和表叔何方华讲：看张书旂老师作画，不仅可学到写意花鸟画技法，而且振奋精神，启发画兴，使人受益匪浅。可惜，当时张书旂在中大艺术系授课未满一年即去美国办画展、讲学、创作，后来他们就再没有见面并受到他的教诲了，这不能不说是一件憾事。

学习艺术，如学绘画，要有老师指导，在风格上受老师的影响是必然的，但不能亦步亦趋，完全模仿复制老师的作品，以绝似老师为荣。古代画论说学画“师学舍短”，又说“学画初则依门傍户，后则自立门户，株守一家规摹久之，必生一种习气”。所以，要博采众长，广益多师。唐末以来四川的大花鸟画家刁光胤有两个弟子——黄筌和孔嵩。黄筌除学刁光胤外，山水师法李升，龙、水、松、石及墨竹师法孙位，故能“全该六法，远过三师”。孔嵩则专师刁光胤，甚至戴什么帽子，穿什么衣服，言行举止都摹仿老师，两者成就如何？画史有证，不必赘述。张书旂是何方华的老师，何方华因随张书旂学习的时间很短而深为遗憾。但是，如果何方华长期跟张老师学习，也不会完全模仿他。高明的老师是不希望自己的学生作画完全像他的作品的。张书旂先生如九泉有知，相信也会有相同的看法。

现就张书旂在抗战时期，在那特定的峥嵘岁月环境下创作的那幅最具时代意义和深远影响的画作《世界和平的信使》，谈谈自己挖掘和考证的史实。

1940年春，张书旂在重庆国立中央大学艺术系教书时，受时任国民政府外交部部长王宠惠先生和国立中央大学校长罗家伦教授委托，站在国家的立场上，创作一幅以花鸟为题材的中国画，后定名——《世界和平的信使》，赠予美国传奇式总统罗斯福，祝贺他三次连任美国总统，以争取美国尽快加入国际反法西斯斗争及建立世界和平新秩序的行列。

“和平”二字，对世界各国政治家和全人类来说都是永恒的主题。张书旂受托之后，即开始认真构思、起稿，并和助手到沙磁区古镇磁器口买来家鸽，放于笼中饲养，日夕观摩，从构思成熟到动笔至最后完成创作，共用时三周。他博采众长，大胆构图，生动刻画。全图由三个大的部分组成，画了整整一百只各具动静姿态的鸽子，故此画在民间又有《百鸽图》之称，本名《世界和平的信使》反而不为一般人所知。

张书旂动笔期间，正值日机对重庆疯狂轰炸，画家以饱含激情的笔墨，用悲愤的心情，在重庆沙坪坝松林坡夜以继日地进行创作。当时，条件艰苦，环境极差，吃的是糟米，住的是简陋矮平房，宣纸、颜料十分紧缺。加之重庆天气极热，且持续时间长，蚊虫多，臭虫也不少，睡不好。随时都遇空袭警报和轰炸，常往防空洞跑，心情沉重且不安。他在创作过程中，经历了日军轰炸机10多次投弹轰炸，当画到97只鸽子时，日军轰炸机再次袭击山城重庆。炸弹像雨点般倾泻而下，寓所附近不少房子被夷为平地（书旂之女张宝莲语）。但他肩负使命，置生死安危于不顾，在硝烟中完成了这幅扛鼎之作。这正是：和平荡正气，豪情生笔端。

抗日战争时期，国难当头，家遭大敌。中国是第二次世界大战的东方主战场，以陈纳德为代表的空军飞虎队来华支援抗战，在执行任务中屡建战功。为此，张书旂在绢上画了两幅独具巴蜀特色的花鸟画赠送给飞虎队队长陈纳德和他的战友。

1940年5月16日，一代抗日名将张自忠在抗战一线壮烈牺牲。张书旂在渝获知不幸，心情悲愤。他作为大学教授和知名画家，毅然奋笔创作，并拿出多年佳作在重庆嘉陵宾馆举办个人画展，将100多幅国画义卖，募集资金作为以张自忠将军冠名的奖学基金。由此可见其师德风范和人格魅力。

第二次世界大战爆发后，英国首相丘吉尔率领英国顽强抗争。于是张书旂绘制了一幅中国画《云霄一羽图》。这幅作品由时称“当代杜甫”的杨永玺先生配诗后，赠送给英国首相丘吉尔，以表彰他在反法斯战争中的贡献。

吕凤子对张书旂的评价是：“书旂画花似闻香，画鸟若欲语，技法卓绝，当代无与抗衡者。”

徐悲鸿也认为“其气雄健，其笔超脱，欲与古人争一席之地”，“画鸽应数古今第一人”。难怪蔡元培先生曾在张书旂的画上题过“一经妙笔，耐人寻思”之句。

2012年是尼克松总统访华暨中美《上海公报》发表40周年。由海内外十余家单位和艺术团体倾情巨献的“张书旂中国画及艺术传承作品展览暨国际学术研讨会”于2012年4月在渝隆重举行。这对弘扬传统艺术，挖掘重庆抗战历史文化，进一步促进中美关系，加强海峡两岸文化交流意义非凡。

2019年春夏之交，我陪海峡对岸友人到家父和表叔何方华于抗战时就读的国立中央大学本部（现重庆大学A区）旧址寻访。树荫掩映，鸟鸣啾啾，一栋黄色墙体、灰色瓦顶的老建筑卧立其间，旁边碑刻“七七抗战大礼堂”，如今已历经70多年风雨，留下几多沧桑。

该礼堂是重庆丰厚抗战历史文化最有力的见证物之一，也代表着抗战时期中央大学迁渝办学的一座文化丰碑。当年，周恩来、美国副总统华莱士、英国前首相和工党领袖艾德礼，以及郭沫若、老舍、马寅初、何鲁、曹禺、冯玉祥等众多政治家、学者教授都曾到此演讲和参观。父辈们也曾在此聆听他们的政治和学术观点并留下了自己岁月的记忆和青春的足迹。

我们漫步于松林坡，发现了一座由海内外中央大学校友捐款修建的——“中央大学迁渝纪念亭”。其碑文由抗战时期该校体育系毕业生，原西南农业大学书法家李虚侯书写。睹物思人，感慨系之。

今日，在缙云山麓宁静阁，静思细品《世界和平的信使》，思绪良多。该画以和平鸽为载体，橄榄树和杜鹃花为衬托。整幅画面百羽翔集，或啄食，或嬉戏，鸽鸣咕咕，神态各异，设色典雅，栩栩如生。可谓百态缤纷妙入神，“祈求和平”的呼声跃然纸上。此画与身边残垣断壁、血肉横飞的景象截然不同。同时，这幅充满自由、欢快与期盼的画作与当时战争惨境中的城市，形成了鲜明、强烈的对比。张书旂用其智慧的头脑和灵巧的手，将象征和平的鸽子拟人化了，并注入了新的含义和内容。从画中及画题就能见证，可谓翰墨传情，妙笔生花，高明至极。此画全长355.6厘米，宽162.5厘米，是历史上进入美国白宫的第一幅中国画，而用鸽子作为世界和平的象征，也早于西班牙著名画家毕加索十年。

张书旂完成这幅画的全部创作后，当时国民政府首脑蒋介石应邀为这幅艺术杰作题签“信义和平”四字。国立中央大学校长罗家伦教授反复推敲，作七绝一首，并欣然用繁体行书题于画图右下方：

拨乱犹余不世功，平章正义范群雄。

会看寰宇休兵日，信使联翩绕白宫。

诗后落款“中华民国国立中央大学艺术科(系)张书旂教授作百鸽图，祝罗斯福大总统三届就职大典，罗家伦敬书”，并在下方盖有一枚名章。细看整幅画作，作者在画的左上角署“张书旂”三字，并在姓名三字间盖有一方阴刻“书旂”的印章。真是：诗美字佳，锦上添花。这既是诗与画的结合，同时，也是书与画的结合。张书旂常说：“诗是有声画，画是无声诗。”此话，在这里得以彰显。该画相关作者都是重量级人物，不愧大师手笔，极具文献价值、史料价值和艺术价值。

中国书画是造型艺术、视觉艺术、从书画作品可以看出艺术家的修养积淀、情感气质及内心精神世界。字如其人，画如其人。人有正气，我们从《百鸽图》中可以窥见张书旂笔下的每一只鸽子和花卉点染都充满了浩然正气。尽管是一花一鸟，但呈现了大气象。

1940年12月23日，国立中央大学校长罗家伦教授邀请中外各界人士和新闻媒体在陪都重庆嘉陵宾馆以茶会形式举行《百鸽图》赠送仪式。美国驻华大使詹森、英国驻华大使卡尔及两使馆参赞人员出席。国立中央大学校长罗家伦教授主持并讲话，孔祥熙、陈立夫、王世杰、董显光等政要参加了赠画仪式。画家张书旂在仪式上展示了这幅画作的真容，并简要介绍了此画的意义和创作过程。詹森大使代表罗斯福总统接受赠送，并于1941年1月20日美国总统就职大典前献给了罗斯福。

为表感谢，罗斯福总统特意嘱咐詹森大使代表其致函罗家伦。该函件刊发在了1941年4月2日于重庆出刊的《中央日报》上。函曰：

罗校长阁下：

顷奉罗斯福总统私人来函，嘱余代彼向执事致谢中央大学张书旂教授绘赠之《百鸽图》，对于执事在图上所题吟之诗篇及其美意，尤为感谢。

特此奉达，希即察照。

詹森敬启

此事当时重庆的各大报刊都有报道，被传为佳话。画家张书旂应罗斯福总统邀请，于1941年初春访美。随后又以国民外交使者的身份前往美国各大城市和欧洲各国巡回举办画展，又应聘在美国高等院校讲授“中国美术史”“中国画传神论”与“中国花鸟画技法”等多门课程。

张书旂到美后，勤奋笔耕。一是不顾战争创伤给自己带来的离乱之苦，并积极开展文化交流，把中国文化艺术带给美国人民；二是为苦难的祖国和人民募集资金，支持抗战。在美前三年，他先后在芝加哥研究院、旧金山美术馆、波特兰美术馆、西雅图美术馆，以及加拿大多伦多美术馆、渥太华美术馆等十余个地区艺术馆举办画展，义卖所得约10万美元，先后数次通过中国救济总署寄回祖国，为支援抗战奉献了自己的爱心和力量。

1945年抗战胜利后，张书旂于1947年初由美国第一次回国省亲，之后再次任教于中央大学艺术系。后于1948年春再度赴美传授画艺，亦定居美国旧金山。张书旂后在美创办书旂画室，创办画院，招生传艺，也在美国各地讲学、写生和创作，从事中美文化交流活动。其间，异国的奇花异草丰富了他的视野，他也创作了不少人们喜闻乐见的作品。他在美国期间出版有《中国风格的绘画》《书旂画法》《书旂小品》《书旂画鸟集》。1984年，人民美术出版社出版了《张书旂画集》，荣宝斋出版社推出了《张书旂花鸟画集》，湖南美术出版社出版有《翎毛集》，台湾也有《张书旂花鸟画集》等画册、画集、作品集和技法丛书出版，这是书旂先生留给后学的一笔宝贵精神财富。他的艺德和作品影响了许多人，在重庆代表性传承人中就有四川美术学院的何方华教授，西南大学美术学院的苏葆桢教授等。有道是：春风艳桃李，热血育栋梁。

《世界和平的信使》一画，现在许多人都不知晓，看过原作的人就更少了。2000年3月，张书旂的堂弟张世简（当代花鸟画家，中央文史研究馆馆员）应美国东方画廊的邀请，赴美参加世界美术博览会。他利用此会议之机，由中国驻美领事馆蔡炼领事陪同前往坐落于哈德逊河畔的海德公园罗斯福图书馆参观。经过70年的时光变迁，《世界和平的信使》依然灿烂多彩，绚丽无比，与当年毫无差别。当张世简亲眼看到《世界和平的信使》一画时，睹物思人，不禁感慨万分，老泪纵横，思绪连篇。回国后张世简写了一篇感情真挚的文章：《六十年一梦：我见到了原作〈百鸽图〉》，这篇短文发表在当年《人民日报》（海外版）上。

张书旂在美十多年，一直没有加入美国国籍。虽身在异乡，却无时无刻不思乡。从他在美期间的画作题款上可清楚地看到，他常署"浦江张书旂"，足见他对祖国和家乡的眷念之情。他早想回国，用艺术报效祖国。但遗憾的是他未能实现自己的愿望，因不幸身患胃癌，于1956年开刀割去胃的三分之二，至1957年旧病复发，胃癌转移肝脏。此时，他的学生何方华在国内得知消息后，心情沉重。何方华为此专门根据当年书旂老师的画意，精心创作了一帧兼工带写的花鸟画——《和平之春》。该作品表现的主题是：一群鸽子在祖国的蓝天自由飞翔，下方树枝盛开的花朵，争奇斗艳。寓意太平盛世，锦绣乾坤，以此颂扬和纪念张书旂先生在重庆创作的这幅举世无双的艺术杰作。

2000年春，重庆出版社重点推出《何方华画集》时，亦将《和平之春》放于画集首页，可见其用意。时任全国人大常委会副委员长、民革中央主席何鲁丽，欣然为画集撰文《晚来泼墨写新意　艺馨方能发春华》，以表祝贺。

1957年4月，张书旂自知病将不起，却抓紧时间，呕心沥血编成《书旂画法十章》和《画法入门》两书。他又尽两个月之力，在生命的最后日子里编写完成了《翎毛集》两大册，本拟再写姊妹篇《花卉集》，但病情加重，难以执笔。他致书国内友人柳子谷，信中写道："弟病已入膏肓，此生回国已成绝望，至感痛苦。所能引为欣慰者，近来病中编写《画法入门》及《翎毛集》两书，现已脱稿，对后学掌握技法有点帮助，不日连同《书旂画集》寄回国出版，作为弟在世一番对祖国最后一点贡献也。《书旂画集》盼为写序。”辞恳意切，笔带墨香，字留永恒。但是，因当时国内环境不允许，柳子谷对此嘱托未能如愿以偿，深感遗憾。然而，面对被誉为“金陵三杰”的徐悲鸿、张书旂两位老友都先后离去，柳子谷十分悲痛。他以自己特有的方式来悼念挚友——以张书旂为研究对象，一头埋进了《我对书旂花鸟画艺术之认识》的写作。

的确，书旂太累了，应该休息了。张书旂带着对祖国深深的眷念和憧憬，于1957年8月18日晨病逝于美国旧金山湾东寓所，一位国画大家安详地走了，年仅57岁。画界无不为之痛惜。当年，《人民日报》载文称其为爱国主义画家。此评价真实不虚。不过，无论如何，他留给人们的世纪杰作《世界和平的信使》都已成为中美两国世代和平友好的重要纽带，并且造就了中美文化交流史上的一段佳话。

# 抗战时期中共中央南方局引领下的重庆话剧运动

胡平原

抗战时期，在中共中央南方局（以下简称“南方局”）的引领下，中国话剧蓬勃发展。特别是1941年到1945年重庆的“雾季公演”，将中国话剧运动推向高潮，史无前例，空前繁荣，普及大众，在中国的抗战文化史上留下了光辉的篇章。

图1 “雾季公演”剧照

## 一、党的统战指引着话剧团体

抗日战争全面爆发后，在南方局高举的抗日民族统一战线旗帜指引下，由重庆市文化界救国联合会发起并指挥，重庆的肖崇素、赵铭彝、李华飞等文化名人成立了“移动演剧队”。那时，在重庆市中区、巴县、江北、南岸、沙坪坝、杨家坪、北碚、合川、綦江、长寿、涪陵等地巡回演出了《放下你的鞭子》等剧。1937年9月15日，中共党员陈叔亮联合余克稷、章功叙、梁少侯等50余人在炮台街8号举行“怒吼剧社”成立大会，同年10月1日，该剧社在国泰大戏院公演了三幕话剧《保卫卢沟桥》。这是在重庆演出的第一部大型救亡话剧，被誉为抗战全面爆发后重庆第一流水平的演出。很多爱国青年看戏后，纷纷到怒吼剧社要求参加救亡工作，于是，又组成街村演剧队，用川渝方言演戏剧，活跃在重庆城乡的街头、院坝、码头。

1937年10月15日，由陈白尘、沈浮、孟君谋、夏云瑚带队的“上海影人剧团”33人，为了抗日救亡运动最先到达重庆。这一支由电影明星组成的队伍，年轻的有白杨、谢添、路曦（杨露茜）、燕群、吴茵、施超、刘莉影等，年纪大的有王献斋、龚稼农、周曼华等。他们既受到重庆文化界漆鲁鱼、周钦岳、赵铭彝、余克稷、姜公伟等名流人士的欢迎，也受到重庆市市长李宏锟的“殊遇”。李宏锟派人请剧团演员吃饭、跳舞，受到影人剧团的抵制，表现了演员的高尚风格，受到了重庆人民的敬佩和爱戴。

1938年1月28日，全国第一流的话剧演出团体“上海业余剧人协会”抵达重庆，这个团体拥有陈鲤庭、贺孟斧、赵丹、顾而已、陶金、魏鹤龄、赵慧深、叶露茜、章曼苹、沈西苓、朱今明等知名人士。2月18日起，他们在国泰大戏院陆续演出《民族万岁》《塞上风云》《故乡》《夜光杯》《自由魂》等戏剧，历时将近一个月。这些演员精湛的演技，舞台部门的布景和灯光变化，都使重庆观众大饱眼福，耳目一新。《民族万岁》的演出尤为轰动，这是宋之的、陈白尘根据德国席勒的《威廉·退尔》改编过来的，沈西苓任导演。赵丹在演出中创造了一段脍炙人口的好戏，当全场观众屏住呼吸，魏大鹏一箭射中了儿子头上的苹果时，土肥亚雄（赵丹饰）肩上的黑披肩“唰”地落下来了，以此来表现反面人物的灵魂颤抖。观众赞叹地说：“赵丹的服装上也有戏！”从此，来渝的剧团日益增多，抗日救亡的话剧演出空前活跃。

图2　张瑞芳（左）为群众演出抗日街头剧《放下你的鞭子》

2月下旬，国立戏剧学校由南京迁长沙转至重庆上清寺，该校是我国专门培养话剧人才的学校，余上沅任校长，万家宝（曹禺）为教务主任。来渝后除教学外，7月举办战时戏剧讲座，11月举办戏剧工作人员训练班，为话剧活动培养出了一批人才，演出《飞将军》《凤凰城》《魔窟》《奥赛罗》《古城烽火》等一批著名剧目，并去乡镇演出《灯塔》等小戏。

3月25日，重庆戏剧界为援助前线川军募捐寒衣举行联合大公演。上海业余剧人协会、国立戏剧学校、怒吼剧社、戏剧工作社等联合演出由《放下你的鞭子》《反正》《火中的上海》《八百壮士》组成的《祖国进行曲》。6月4日，由重庆抗敌后援会文化支会戏剧队、青年剧社、三八剧社、怒吼剧社、中大剧社、国立戏剧学校，以及重庆的戏曲团体等联合发起成立"中华全国戏剧界抗敌协会"重庆分会，选出肖崇素、姜公伟、余克稷、黛丽莎、章功叙、张德成、吴祖光、余上沅、赵铭彝等为理事。分会在这一年组织了纪念"九一八"及第一届戏剧节演出等活动。

9月间，拥有舒绣文、黎莉莉、王为一、唐纳、陈天国等著名艺术家的中国电影制片厂怒潮剧社迁移到重庆，16日起在国泰戏院演出《为自由和平而战》，12月间又演出《中国万岁》。

10月10日，中国有史以来第一届戏剧节举行，这一活动是南方局书记周恩来委托阳翰笙联合戏剧界各方人士，于1937年底在武汉成立了"中华全国戏剧界抗敌协会"，由此而规定下来的。1938年10月，日军逼近武汉，大批影剧界人士移居山城，在"中华全国戏剧界抗战协会"重庆分会主持下，来自天南地北的新剧与旧剧、在朝与在野、京派与海派、专业与业余、外地与重庆的戏剧工作者1500多人，团结在党的抗日民族统一战线的旗帜下，举行了22天空前盛大的演出活动，为抗日期间重庆的戏剧繁荣打下了坚实基础。

第一，10月10日，重庆出动了25个街头演出队，足迹踏遍市中区、江北、南岸、磁器口、巴县、铜梁等地。观众达十万人之多。首先，是赵丹、舒绣文、黎莉莉、钱千里、叶露茜等电影明星都上街演出。接着，又在社交会堂举行了十天的"五分公演"(五分钱一张票)，中国话剧从此普及，深入群众。

第二，这次戏剧节的压轴戏《全民总动员》，10月29日在国泰大戏院上演，参加这个戏剧的演职员多达200人，赵丹、白杨、舒绣文、顾而已、魏鹤龄、施超、高占非、王为一在剧中担任重要角色。国民党文化界首领张道藩也在戏中扮演孙将军一角色，戏剧界这样的团结是少有的。孔祥熙把该剧每张50元的荣誉券买了20张，堪称为抗日民族统一战线的佳话。

1939年元旦之夜，为纪念"中华全国戏剧界抗敌协会"成立一周年，重庆戏剧界出动2800余人举行了盛大的火炬游行。游行中表演《抗战建国进行曲》，它由《自由魂》《民族公敌》《群魔乱舞》《怒吼吧！中国》《为自由和平而战》《全民总动员》等剧组成。每个剧都有相应的彩灯，有的表演高跷，有的用车辆扎成舞台，演出者随游行大队载歌载舞，规模盛大，充分体现了重庆抗日救亡的炽热气氛。在轰轰烈烈的抗日宣传演出中，戏剧走向街头、走向乡镇，撒下的话剧种子到处开花结果。学生、教师、银行和邮局职员、店员，以及广大市民和儿童，爱好话剧的越来越多，他们成为话剧的忠实观众，有的又是业余话剧演出的积极分子。真正是剧团云集，活跃重庆，深入人心。

戏剧团体烙印重庆。抗战时期有些戏剧团体，在重庆人民心目中留下了美好的形象，铭刻了深深的烙印。

1938年秋，重庆最初出现两个实力雄厚的官办演剧团体。一个是国民党军事委员会下属中国电影制片厂的怒潮剧社(后改名为"中国万岁剧团")，它拥有应云卫、马彦祥、王瑞麟、舒绣文、黎莉莉、陶金、章曼苹、钱千里、吴茵、王为一、项堃、江村、孙坚白(石羽)、王斑等著名人士。在两年多的时间内演出了《为自由和平而战》(王为一编导)、《中国万岁》(唐纳编剧,王为一导演)、《民族光荣》(宋之的编剧,应云卫导演)、《狐群狗党》(马彦祥编导)等剧。1940年4月1日,怒潮剧社改名为"中国万岁剧团",首任团长为郭沫若,首演《国家至上》(老舍、宋之的编剧,马彦祥导演),接着又演出了《夜上海》(于伶编剧,马彦祥导演)、《雾重庆》(宋之的编剧,应云卫导演)、《未婚夫妻》(陈白尘编剧,陶金导演)等名剧。另一个是国民党中央宣传部下的中央电影摄影场的"中电"剧团。1938年10月,上海业余剧人协会由成都返回重庆,赵丹、白杨、顾而已、施超、魏鹤龄、路曦、吴茵、沈西苓等参加了"中电",并准备立即上演赵丹导演的《阿Q正传》(田汉编剧),以纪念鲁迅逝世两周年。因涉及鲁迅,未获同意,仍以"上海业余剧人协会"名义上演。此后两年,他们公演过《战斗》(章泯编剧,赵丹导演)、《刑》(宋之的编剧,章泯导演)。一些演职员参加了其他剧团演出的《全民总动员》《民族万岁》《古城的怒吼》《一年间》《塞上风云》《群魔乱舞》等剧的演出。1939年6月,赵丹离开"中电"前往新疆。

1939年,重庆又成立了中央青年剧社。它隶属于三民主义青年团中央。首任社长是老戏剧家熊佛西,后由张骏祥、杨村彬、马彦祥担任社长。这个剧团的演员绝大多数毕业于国立戏剧学校,陆续参加的有耿震、沈扬、赵韫如、吕恩、刘厚生、任德耀、李恩杰、傅惠珍、张雁、方琯德、张家浩等,这些年轻人政治上倾向进步,艺术上勤奋学习钻研,以后成为重庆抗战剧坛的有生骨干力量。

还有一个被称为"抗战的血泊中产生的一朵艺术奇葩"的中国抗战孩子剧团,于1937年9月在上海成立。他们在中国共产党和老一辈革命家抚育培养下宣传抗日。1939年1月,他们历尽千辛万苦来到重庆,属国民政府军委会政治部第三厅管辖,主要成员有吴新稼、林犁田、傅承谟、张莺等人。该剧团以演剧为主,并进行社会上的儿童工作,它是中国儿童剧团中的第一个,到重庆后演出了《帮助咱们的游击队》《乐园进行曲》等剧,并到四川各地巡回演出。这四个官办剧团的大多数成员,有一句话可以概括:"吃国民党的饭,为共产党办事。"其实他们当中有些人就是共产党员。

1939年至1940年间,不少戏剧团体还在重庆演出过许多剧目。譬如:国立戏剧学校演出的《岳飞》《蜕变》;怒吼剧社演出的《黑地狱》《民族万岁》;留渝剧人演出的《上海屋檐下》《一年间》;国民政府军委会政治部教导剧团演出的《包得行》等;七七少年剧团演出的《扬子江暴风雨》;群众业余演出中,复旦中学的叱咤社公演了《国家至上》;重庆银行业学谊励进会公演了《明末遗恨》等;日本人民反战同盟西南支部巡回工作团用日语演出鹿地亘编剧的《三兄弟》;还有1940年1月国民政府军委会战干团(全称为"军事委员会战时工作干部训练团")所属的忠诚剧团,由綦江来渝公演的《李秀成之死》。这些剧团和剧目给山城人民留下了不可磨灭的印记,永世难忘!

"雾季公演"载入史册。何为"雾季公演"呢?抗战时期的重庆,由于日机狂轰滥炸,每年很长一段时间无法演出。而重庆的气候尤为独特,每年从10月起到第二年5月均为雾季,这个时段,漫天大雾,日机空袭,犹如"瞎子摸象",难分东西。重庆文艺界在党的抗日民族统一战线的指引下,趁此良机举行了大规模的盛大演出,因此被文化界人士美其名曰"雾季公演"。

1941年10月到1942年5月，为重庆首届“雾季公演”。之后，一直到1945年，重庆“雾季公演”在日机轰炸的间隙中坚持了四届。“雾季公演”掀起了中国话剧运动，由此重庆成为话剧运动的中心，也称为中国话剧史上的黄金时代。仅中华剧艺社，在“雾季公演”中即先后上演了于伶的《长夜行》、夏衍的《愁城记》和《法西斯细菌》、欧阳予倩的《忠王李秀成》、郭沫若的《屈原》、阳翰笙的《天国春秋》、老舍的《面子问题》、沈浮的《重庆24小时》、曹禺的《北京人》和《家》、吴祖光的《风雪夜归人》、陈白尘的《岁寒图》和《石达开》等近20个优秀剧目。四届“雾季公演”共有28个剧社、团、队参加演出，共演出大型话剧110多台。

图3 “雾季公演”文化工作者合影

“雾季公演”的盛况，大大促进了剧作家的创作热情和灵感，一度时间，重庆成了戏剧作家的丰产地。譬如：郭沫若在抗战期间就创作了《棠棣之花》《屈原》《虎符》《高渐离》《孔雀胆》《南冠草》等六部历史剧；阳翰笙则创作了《李秀成之死》《天国春秋》《草莽英雄》等三部历史剧。“雾季公演”的剧目，乃至整个抗战时期的戏剧，大多是抗日救亡的主题，同时也有许多揭露国统区黑暗腐败现象的剧目。当时由于国统区文网森严，进步作家们以历史剧为武器，借古喻今，因而掀起了历史剧创作与演出的高峰。

参加“雾季公演”的演出人员，全是中国话剧界的精英。譬如：著名导演陈鲤庭、应云卫、石凌鹤导演了三至五个大戏；金山、白杨、舒绣文、张瑞芳、魏鹤龄、陶金、项堃、吴茵、路曦、耿震、孙坚白、沈扬、江村、施超、章曼苹、秦怡、赵韫如、谢添等，除金山只饰屈原外，其他每个人都在三五个戏里担任重要角色；张瑞芳在《棠棣之花》中饰酒家女，《北京人》中饰愫芳，《大雷雨》中饰卡特琳娜，《屈原》中饰婵娟，另在《陌上秋》《遥望》中担任重要角色；舒绣文也在六出大戏中扮演洪宣娇、聂萤、伊丽莎白等角色。

参加“雾季公演”的还有：中宣部实验剧团、教育部实验剧队、戏剧工作社、新生剧社、东方剧社、力行剧社、中央银行业余剧团、邮工剧团、东吴大学法学院、沪江大学商学院、朝阳大学剧社、中国业余剧社、中央广播电台等，真可谓集一时之盛，而中华剧艺社、中国艺术剧社则是其中的主力军。中华剧艺社是在“皖南事变”之后，由阳翰笙提出，受南方局周恩来书记关爱，约请应云卫出面筹组的。剧团先在重庆南岸的苦竹坝集合周峰、张立德、丁然等二三十人为班底，后来又有张逸生、金淑之等人参加。由陈白尘、陈鲤庭、辛汉文、刘郁民、孟君谋、贺孟斧组成理事会，应云卫为理事长（对外称“社长”）。那时候演职员工睡的是稻草铺，吃的是大锅饭，演出时则请国泰大戏院经理夏云瑚帮忙，以国泰大戏院为演出基地。“雾季公演”，意义重大，载入史册。这些团体、演员都先后得到过南方局的关怀和帮助，受到过南方局书记周恩来的谆谆教导。

图4 “雾季公演”剧照

## 二、党的光辉沐浴着话剧运动

纵观抗战时期，中国话剧为什么能够在重庆蓬勃发展呢？话剧艺术奇葩为什么能够繁花似锦，五彩缤纷，好戏连台呢？原因只有一个，那就是有南方局的领导，重庆的话剧运动，自始至终都沐浴着中国共产党的光辉。

1941年10月，在重庆天官府8号郭沫若家，南方局周恩来书记提议由文艺界举行纪念郭沫若五十寿辰和创作二十五周年活动。周恩来对郭沫若说：“为你做寿是一场意义重大的政治斗争，为你举行创作二十五周年纪念，又是一场重大的文化斗争。通过这次斗争，我们可以发动一切民主进步力量来冲破敌人的政治上和文化上的法西斯统治。”之后，周恩来责成阳翰笙主持这项工作，并强调要成立一个广泛的统一战线的筹备组织。南方局还给延安、成都、昆明、桂林、香港等地的党组织发电报，说明这次纪念活动的意义、内容和方式等。

1940年11月1日，在重庆成立了文化工作委员会（以下简称“文工会”）。同月7日，举行了一次规模盛大的陪都文化界、新闻界招待会，文工会才正式宣布成立。文工会不像第三厅那样的行政机关，它仅是一个研究机构，这是蒋介石在文工会筹组时就定下的“死框框”。郭沫若当时本不愿主持这项工作，但是南方局周恩来书记劝导他说："蒋介石怕你们跑到延安去，画了这个框框把你们圈起来，你们可以跳出圈子干嘛！挂个招牌有好处，我们更可以进行有利、有理、有节的斗争，开展我们的工作。"由于周恩来的劝说，郭沫若茅塞顿开。因此，他高兴地就任文工会主任委员要职，并且在工作中没有听从蒋介石"只许做研究工作，不许从事对外政治活动"的禁令，从一开始文工会便走向了社会，继续开展抗日文化宣传活动。

同年11月16日，南方局主办的《新华日报》出版了《纪念郭沫若先生创作二十五周年特刊》，周恩来亲笔题写了刊头，还写了代论《我要说的话》，指出："鲁迅是新文化运动的导师，郭沫若便是新文化运动的主将。"当天下午，2000多人（包括周恩来、老舍、黄炎培、沈钧儒、张申府）参加的纪念会在中苏文化协会举行，冯玉祥担任主席。晚上，周恩来等又到郭沫若家里祝寿。在纪念活动期间，重庆上演了郭沫若编剧的《棠棣之花》戏剧，周恩来前后共看了7遍。《新华日报》开辟了"《棠棣之花》剧评"专版，周恩来题写了刊头，并修改了《从〈棠棣之花〉谈到评历史剧》和《正义的赞歌，壮丽的图画》两篇文章。延安、桂林、昆明、成都、香港也先后举办了纪念活动，这场活动时间持续了半年之久。

1941年，曹禺的《北京人》公演之后，轰动了重庆，接连演了三四十场。《新华日报》于1941年12月13日首先刊登了柳亚子的《〈北京人〉礼赞》评论。之后，《北京人》在南方局也引起了争论。这时周恩来立即安排《新华日报》的记者去了解戏剧界各方面人士的意见，让徐冰组织南方局的同志去看戏，自己也于百忙之中抽出时间一遍又一遍地观看演出，然后组织讨论，最后对《北京人》进行了肯定。当时，南方局的《新华日报》在国统区的进步文化人士中享有很高的威信，它对《北京人》的肯定，使曹禺很快摆脱了困境。周恩来与曹禺是天津南开学校校友，他们时常有书信往来。《北京人》第二轮公演后，周恩来写了一封长信给曹禺，以学友的身份同曹禺谈论抗战的形势和前途，谈论戏剧。他说他很喜欢《北京人》，印象很好，并邀曹禺到重庆曾家岩50号来做客。不久，曹禺来到重庆，见到了周恩来。周恩来赞赏曹禺在《北京人》中对封建大家庭崩溃的描写，说剧中人物性格鲜明，是一部积极的反封建的力作。同时，他也对曹禺在《北京人》中对原始人类的憧憬发表了意见。周恩来书记说："外面对剧中这种表现有批评，我以为这是作者一种想象的表现，不必苛求。"停了一会儿，他又对曹禺说："你还在向往原始共产主义社会啊，我们现在已经有了延安了。这一处是否要修改，请你考虑。如果改起来有困难就不要勉强。"周恩来从政治的视角提出了修改意见，但并没有强求曹禺修改。多年以后，曹禺谈到此事，真诚地说："如果没有周恩来同志的领导，《北京人》可能就被打倒了。《北京人》就不可能成为中国话剧的精品。"

1942年5月，毛泽东主席的《在延安文艺座谈会上的讲话》发表，6月12日，《新华日报》转载了延安《解放日报》登载的萧军的文章：《对于当前文艺诸问题的我见》，将毛泽东主席在《讲话·引言》中提出的立场、态度、工作对象等文艺基本问题传达给重庆及国统区的广大文艺工作者。

中国话剧在重庆得到广泛普及，它动员人数众多，形成浩浩荡荡的党的抗日民族统一战线队伍，对于抗日救亡、争取民主、反对独裁起到了前所未有的巨大作用。这里面重要的一条是戏剧创作的丰收，许多剧本不仅富有思想性、战斗性，在艺术上也取得了辉煌的成就，郭沫若是这一时期伟大的文化旗手。他的《棠棣之花》是“皖南事变”后在大后方黑暗中燃起的第一支火把。《屈原》则是冲破阴霾的生命之火，抒发了大众的心声，山城为之震动。周恩来为此赞扬说：“在这场斗争中，郭沫若同志立了大功！”从1941年12月到1943年3月，一年零三个月的时间中，写出了六部大型历史剧，这是郭沫若创作剧本的高峰时期。

其余几位著名作家夏衍、曹禺、陈白尘、于伶、宋之的、吴祖光等也功劳卓著。这是20世纪40年代抗战剧坛空前繁荣的集中反映，就连从不写剧本的老舍、茅盾也提笔参加到戏剧队伍中来。夏衍在《法西斯细菌》《芳草天涯》中，深刻地塑造了众多的知识分子典型形象。曹禺的《北京人》《家》，揭露了封建社会的罪恶，细致地描述了中国妇女在求解放中内心的痛苦与斗争。还有阳翰笙的《天国春秋》、陈白尘的《结婚进行曲》《升官图》、宋之的的《雾重庆》、吴祖光的《风雪夜归人》。历史证明它们都有永久的艺术生命，不仅是这些著名剧作家的代表作，也是中国现代戏剧文学中的精华，几十年来在中国舞台上常演不衰，有些作品已跻身世界文学之林中放射光彩。抗战时期，话剧在表演、导演和舞台美术上的提高也十分显著。时至今日，老一辈的戏剧界人士和观众，只要提起当年金山演过的屈原，舒绣文演的洪宣娇、丁大夫，白杨演的傅善祥、静子，张瑞芳演的愫芳、瑞珏，江村演的曾文清，耿震演的杨秀清，项堃演的光绪皇帝，以及陈鲤庭、贺孟斧、应云卫、张骏祥等这些导演艺术家的成果，都交口称赞。他们的成就，在以后几十年，甚至至今的话剧舞台上，没有人能够超过。这些都是南方局周恩来书记当年用全明星制演出抗战戏剧的结晶。

图5　抗战时期在重庆演出的第一部话剧《保卫卢沟桥》剧照

1945年2月22日，《新华日报》在突出位置发表了文章《文化界对时局进言》，签名者绝大多数都是文化界的精英，文化界知名人士在上面签名者达312人，戏剧界占72人，并有话剧四大名旦白杨等的签名。当时路人当街争抢当天的《新华日报》，路透社、美联社等外国媒体也迅速将此消息传到全世界。这项广泛团结之举形成了民主洪流，给国民政府以极大震动，引起了国际空前反响，意义深远。

1945年6月24日，根据周恩来的意见，重庆文化界举办了茅盾五十寿辰及创作生活二十五周年茶话会。当天的《新华日报》在第三版上发表了给茅盾祝寿的社论《中国文艺工作者的路程》，并在第二版发表了王若飞写的文章《中国文化界的光荣，中国知识分子的光荣——祝茅盾先生五十寿日》，代表共产党高度评价了茅盾，认为茅盾是“中国民族与中国人民中最优秀的知识分子……茅盾先生为中国的新文艺探索出了一条现实主义的道路……茅盾先生的最大的成功之处，正是他的创作反映了中国现实的动态，而且更重要的是他创作的中心内容与中国人民解放运动是相联系着的。”

中国的话剧运动，业绩辉煌，影响深远。它很快就体现在抗战胜利后拍摄的《八千里路云和月》《一江春水向东流》《万家灯火》等经典影片的成就上，参加这几部影片拍摄的成员，几乎大多数都来自重庆抗战剧团。中国的话剧运动，造就了中国大批文学艺术人才，为中国戏剧文化的发展奠定了坚实的基础，谱写出抗战文化史上最辉煌的乐章！回首重庆“雾季公演”的话剧，我们清楚地看到，每一个戏剧团体都受到过党的帮助，每一位文学艺术家都得到过党的关怀，每一部话剧作品都沐浴着党的光辉，中国共产党是中国话剧发展的指路明灯！

（参考资料：《四川文史资料选辑》、《重庆文史资料选辑》等。作者系重庆市人民政府文史研究馆特约骨干作者、重庆市中共党史学会会员、重庆市纪实文学研究会会员。）

# 艺苑

《巴渝援鄂》 纸本水墨 李彦锋（重庆）

《故园秋韵》 油画 杨贵(湖南)

《红门》 水彩 涂强(重庆)

《记忆中的老厂》 版画 彭友兵(重庆)

《陇上曲系列之30》 油画 张罡(甘肃)

《南山晨曲》 水彩画 石磊(新疆)

《暖冬》 水彩 于闯（河南）

《山核桃》 钢笔画 齐成好(辽宁)

《瞬间之间》 油画 张睿鑫(重庆)

《踏歌行》 中国画 黄泽浩(广西)

《我在》 油画 张绩业(重庆)

《一个也不能少》 雕塑 覃石胜(广西)

《影叙往事》 中国画 侯丹锋(陕西)

《云戏青山绿水长》 中国画 陈鹏程（重庆）

红会医院百年教堂　钢笔画　蔡国梁(浙江)

蓝制服　油画　欧阳博(重庆)

# 寻觅中的答案——《寻迷》五人油画述评

巫大军

疫情后的当下语境如迷局，“内卷”“躺平”已然蔓延而成为热词，然而我们看见有这么一群人在默然不语中寻寻觅觅而各尽本分，如微尘亮光，没有偶然，只有必然。

五个高大俊朗、清爽的青年艺术家就那么偶然相遇并聚集，他们毕业于重庆大学艺术学院油画专业，以小众边缘的架上绘画呈现他们的意气、才情，积蓄他们的思考，酝酿他们的情感，表达他们各自的独特语言与视觉疑问……大量的、大声的、大幅的，这是如经年春笋破土一般的必然。虽然经历了必然的年少青涩、疫情的封闭和规定的学业，或许仍有迷茫，却没有停下寻觅的步伐，如此一路走来而没有错过沿途的好风景，为青春的景深成就了此时此境的未曾失焦之局部——细节清晰！

金晓琳温婉、优雅，沉静而有耐性的美好在《牧羊人》系列作品中体现了出来，她汲取了中国传统写意绘画的设色与意境，画面色调朴素而有细密朦胧的肌理效果，表达出对自然、对生活的从容态度与情怀，孤寂而不苦，柔软而可盼。

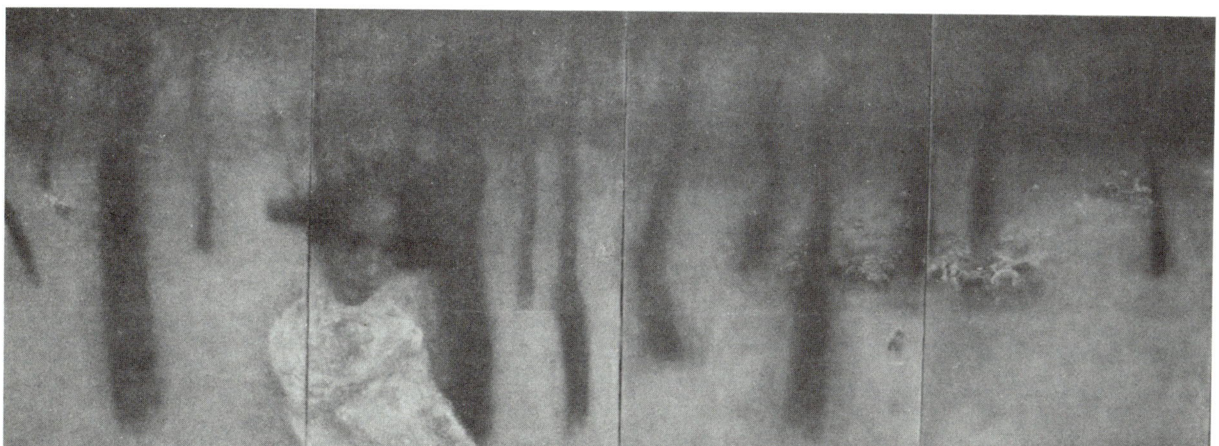

图1 《牧羊人——静》 油画 金晓琳

欧阳博如一块璞玉，近年来笔耕不辍，思考不停；在个性化的表现性用色用笔几经破立之后，终于创作出系列作品《蓝制服》《黄蝴蝶》，不仅仅记录了童年的格式，更重要的是对成长过程的剧场效应内卷、复制的反思与悲悯，那么蓝那么忧伤……

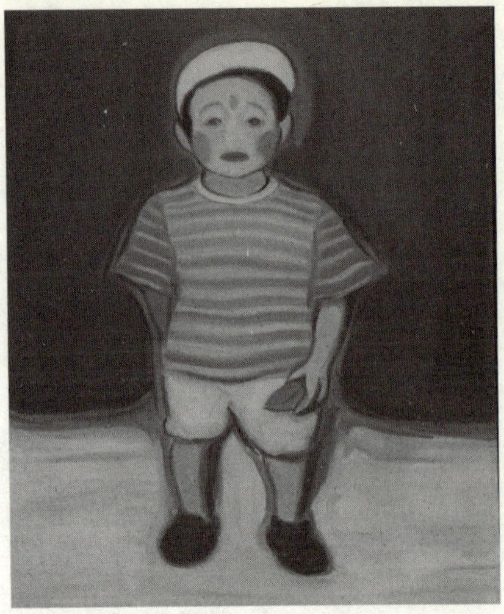

图2 《蓝制服之二》 油画 欧阳博

张绩业自信勤勉，才华早露，有不一般的画面把控力，善于思考与探索，在素描、水彩甚至版画方面多有尝试，感觉敏锐而勇于突破自己，是块搞艺术的料；系列作品《我在》以平凡生活中的图像素材交错、累积来映射荒诞与超现实的生命境况，试图企及空虚之物外的彼岸世界。

图3 《我在之二》 油画 张绩业

张睿鑫英俊敏感，有文艺气质，善于捕捉与吸纳，在系列作品《瞬间之间》中对现实空间进行破碎、穿插，用开放的笔触、潜意识的抽象性表现语言来营造一种与现实的距离感，如梦般呓语着某种隐喻而神秘的非主题性叙事，呈现人与人、人与自我的情感疏离或关联。

刘竞之开朗明快，有思想有勇气。此次创作是即时表现自己的遭遇，超现实地呈现身体受伤和手术后的心情、生活与成长。其作品《天空》关联剪断脐带的分裂、幻想式的时间与心理碎片，在迷惘的轮椅上呐喊着、扭动着、缠绕着必然得以释放的向往与信心。

图4 《天空》 油画 刘竞之

当然，我更想听听青年艺术家们自己是怎么说的。金晓琳认为艺术无处不在地描绘着人们的生活，可以将无形的事物表现得淋漓尽致。欧阳博强调："创作贵在传达，将现实生活体验经过内心观照和理性组织外化为具体的图式；此时的真实不是对现实的表面模仿，而是内在精神与观念的真切表达。"张绩业认为："艺术，可以被理解为一种领域，只有在这里，人可以不循常理，做些愚蠢又疯狂的事情。生活中有太多地方要讲道理，但在艺术这个领域，你可以'发发神经'，这很重要。"张睿鑫对他的绘画创作做了阐释："疏离感，人与人之间不确定的关系是我所想探究的。徘徊，迷失，是寻找疏离感的过程。刺激的是那些普通场景下会发生什么样的故事。"刘竞之说："艺术崛起于少年时期，固定于中年时期，却又在晚年时死去；艺术应该是有含义的、有思想的、有力量的、有灵魂的，不求穷教化、助人伦，但求无过无悔。"青春年少的艺术家们充满悟性，以他山之石突破迷思，给精神以归处。

从艺术史角度，艺术生发、观看、材料、功能所触及的艺术主体与客体、形式语言与主题内容等相关属性及其衍变来看，中国当代油画的境况意味着一种手工技艺、知识生产，以及个人生存经验的出口，抑或是现代艺术的补课，同时面临文化语境与创造活力的局限，需要融入全球化的有效言说之中来超越自身困境，警惕地域性对立与文化性策略，艺术应关注并回应人类命运之于现代性之后的提问与哲思，甚至触及真理，呈现并恢复创造之初的和谐美好与精神气质。

当下，我们应该看到每个艺术家乃至每个人都是宝贵而不同的。艺术之路充满了荆棘与鲜花，自信、坚持与创新是当代中国油画在盼望中前行的基本动力。

# 白云做的房子

龙麒麟

真正会游山的人，一定不会去找名山，名气大了人就多，人多了山就成了公园。不知名的山很善良，它们真实地展示自己，却从不向游人索取。

九峰山，海拔560米，听人说山中有一条古驿道，还有乾隆年间的古刹，名曰建福寺，三重大殿金碧辉煌，寺中有数百尊泥塑和石雕的佛像，毁于“文革”期间。

也许还有残垣断壁，也许还有散落在荒草丛中的菩萨，揣着这个想法，我和阿辉决定去看一看，那是一个凉爽的初夏，某个星期天。

扎营坳，进山的必经之地，令人想起了烽火连天的古战场，不由得平添了几分悲壮。

一条山石小径，荒草没膝，漫坡上是成片的板栗林，花开时节，清香四溢。树下偶有小块菜地，看得出耕种痕迹。越往上走，山路越难辨别，投眼望去，两山夹峙，危岩高耸，古木参天，本来就不太晴朗的天空，越显幽暗。

半个小时，我们登上了扎营坳。哪里有古战场的踪影？两边是挺拔苍翠的山峰，前面却豁然开朗，山势逶迤而下，只见一派葱青在微风吹动下，如层层绿浪，涌向一条望不见边的墨绿色的山沟；一只岩鹰扇动着翅膀，仿佛在与我们平飞。

隐约的山路通往山下，但那绝不是去建福寺的路。几经寻觅，终于找见了一条不足盈尺的小路。荒草迷离，说不定里面藏着蛇，阿辉用棍子拨打着草丛。每走一步，我们都十分小心。几十步以后，小路露了出来。小路两旁是一排李树，结着密密麻麻的李子，山风吹拂，果香扑鼻，再前行，一弯月牙似的水田傍着山岩，秧苗青青，已然封林，傍岩的田背坎上有两株银杏，叶子绿得发黑。

一只黄狗蹿了出来，但它只叫了一声便停在了一片翠竹面前，一双狗眼水汪汪地看着我们，似曾相识却记不上来的样子。竹林深处转出一位妇女，她不问我们从哪儿来到哪儿去，只一个劲地邀我们去屋里坐。

这是一户山里人家，背靠陡峭的山峰，门前一块水田，屋两侧尽是果树；青石铺就的石坝，老式的穿斗瓦屋。主人提来瓦罐，摆两个土碗，坐在石坝上，鸡鸭无语，黄狗绕膝，看白云悠悠，观春山如画，好不惬意。

女主人过来攀谈，知她姓刘，夫家姓冯，是个石匠，一大早去山下做乡活去了。女主人说她七十五岁，来此山居五十多年。看她一点不显苍老，那结实的身子，有如山崖上的一棵青冈树，不知道要活到哪年哪月。

说起建福寺，用她的话说，那儿连“渣渣”都没有了。见我们执意要去，她便自告奋勇为我们带路，说没有她我们是找不到的。

根本就没有路，我们在一片荒草和密林中前行，那曾经的路，只能让我们偶尔看见一块长满绿苔的青石。艰难地走了一个多小时，来到了一个山嘴，那紧靠山峰的山塆就是曾经的建福寺。果然什么都没有了，拨开草丛，唯一能见的是一块块青石板，好似一双双无语的眼睛，在向我们默默地诉说；白云苍狗，昔日的辉煌，已然化作莽莽青山，悠悠白云。

转回的路上，一场大雨飘然而至。走回山居，主人拿来两套衣衫给我们换上。主人去忙她的家务去了，我们坐在屋檐下喝着罐罐茶，看远山迷蒙，近景如画，听风吼林涛，雨打芭蕉；雨水汇成清亮的溪水，穿过竹林，绕过水田，向山下奔去；山风挟着雨气，雨气裹着清香，一阵一阵地涌入心脾，令人荡气回肠。

风停雨住，半轮明月洒满了青山，一条黑影晃进了院坝，男主人回来了，身边跟着那条黄狗。知道我们是城里的客人，他脸上绽开的笑容和月亮一样，宁静而祥和。

没有电灯，自有满坝的月光，腊肉、竹笋、嫩胡豆，我们一起喝起了小酒。男主人是手艺人，常年在外，见多识广，他说他家原在坳上，他爷爷和老爹都是“担加班”的。没等我们问他就主动解释，说这条道叫小川东道，从这儿去大堡，再至古龙比走回龙场要近几十里，所以这扎营坳热闹得很，天还没亮就有人闹麻了，都是些担子客，趁天气凉快多走几里路。有那种担子客，担到这儿担不起，或者临时有个伤风感冒，帮他从山脚担上坳，找几个下力钱，这就叫“担加班”。

男主人喝了一口酒说，后来有了马路，有了汽车，这儿就不热闹了。他还说，这儿原有十几户人家，可都搬下山去了，可他舍不得这生活了七十多年的大山。他记得建福寺，特别是正殿顶上那九九八十一幅唐僧取经图画，色彩鲜明，栩栩如生，三打白骨精、盘丝洞，如数家珍，似乎都刻在他心里。

山居夜宿，别有一番风味，月光从裂缝间淌进来，洒下一片斑驳。静夜中，唧唧的山虫撩动着无眠，思绪如潮，一声夜枭惊起，方知此地不是家居那间卧室。

山中的鸡啼分外清晰嘹亮。雨后青山，雾岚蒙蒙，殷勤的男主人把我们送到扎营坳，指着下山的小路，细细地告诉我们路径。分手时递给我们一包李子，说未过端午，还有些酸。

男主人回去了，打开包，除了青绿的李子，里面还有100元钱，那是我们走时悄悄留下的。

走下山来，看见重型汽车在来回穿梭，两个巨大的洞口顶上写着“九峰山隧道”。噢！想起来了，原来渝蓉高速公路就从九峰山腹中穿过。山中虽一日，世事越千年，猛然间，我和阿辉有了一种穿越了时空隧道重回现实的感觉。想起山居的那一对老人，觉得他们离现代文明是那么近，可又是那么远，禁不住抬眼望去，高高的九峰山，山腰里有一团出岫的白云，恋着青山不肯离去。

# 浅说大足南山石龙

孙闯

大足石刻是重庆市大足区境内唐宋以及其后的石质雕刻艺术的总称，历时600余年建设而成。目前该区域境内有遗存的石刻造像5万多尊，它很是人类在成长过程中创造形象活动的一个有力证明。其中有不少创造性古代的动物雕塑，是很值得研究的。

编号13号石窟中的宋代石龙，就是古代动物雕塑的经典。该雕塑位于大足区龙岗街道南两千米处，石刻造像据记载开凿于南宋绍兴年间(1131年—1162年)，这条石龙从头至尾总长5.1米，整体造型除有很强的张力外，每个细节造型也是方中带圆，非常饱满。雕塑中圆雕、深浮雕、浅浮雕，凹雕、凸雕、线刻运用转换自然合理。它奔放、古朴的造型，散发出原始、率真的美，营造出一股逼人的艺术氛围。其鳄鱼般的头部仅长0.5米，粗看总觉得比例上显得小了点，但整体观察，感到唯其如此，才显得沉雄厚重。

而难能可贵的是这个不知名的作者，在刻这条龙时能认真挖掘生活中美的元素，首先捕捉的是以运动的动态来表现灵动之美，在审美取向中，作者极力追求壮美而放弃细腻与婉约，没有玩味细致，去追求表面的华丽，而是率真拙朴地塑造了苍劲欲飞的生灵，雕刻没有过多的装饰，背景还留有当年的钻痕。历经近千年的历史变迁，砂石越加沉稳，雕刻虽然部分残缺，但反而更增加了生命搏击的象征，体现出生命在强烈迸发时的奥秘瞬间。

大量各地遗存的古代动物雕塑证明：当人类早期处于朦胧的时期，对世界上发生的许多自然现象，不能得出科学的理解，解释世界的现象必然要和神话关联，通过想象创造出许许多多动物的图腾，也就成了历史的必然。龙是历代先辈们在前人的神仙原始神话思维流变中，依赖于对多种动物形象深度的理解、重构的被大众接受并喜爱的新动物品种。千百年来，龙的形象被广泛运用在文字、绘画、建筑、装饰、雕刻中，它是古老的中华民族文化宝库中璀璨夺目的一颗明珠，作为丰富的传统文化内涵的载体，是我们民族性格、情感思想的凝练。经过历代的不停创造，在宋代，龙的基本造型已经有了相对确定的规矩与程式，但不同的作者在不同的地点雕刻龙的题材的时候，都有一些个性化的新的创造，这一点也可以从大足佛湾第136号转轮经藏窟的“转轮龙柱”、大佛湾第12号“九龙沐太子”雕刻中得到验证。

据考证，大足石刻开凿造像最早为唐高宗永徽年间(650年—655年)。历经五代之前、后蜀的发展，南宋绍兴年间正是大足石刻史上的巅峰时期，而这30余年的时间中，雕刻技艺相较于前期更加成熟，开凿石刻占宋龛一半以上，雕刻石雕的“锵锵”声音在大足境内各地回响，民间石雕艺人在雕刻中充满了创造的活力与激情，南山13号石窟石龙的雕刻正好处于这个时代背景。该雕塑的作者在吸收、融合前期石窟艺术精华的基础上，于造型技巧、审美情趣方面“为我所用”，造型设计不再局限于程式化的约束，而是努力发掘新的雕刻造型语言，使这条龙在岩石上“摹难显之状、传难达之情”而更具个性化的特征。

在中国几千年造型史中，前人发现了许多美的格式，春秋战国时期楚风中出现了“S”形格式，是艺术造型中生命力最强的传统形式，以后的历代，在表现动物题材中又发展出各种S形线的变线。大足石刻的这条龙以四次弯曲，在S形的大轮廓中盘踞了整个洞窟。两只前爪一上一下，既加强了变化，又使构图显得很“满”。其胸部造型夸张程度颇似汉砖的奔马；往下看，胸至腹部急转直下；尾部与后腿连接，内收形成一个小转折，龙身像受到挤压的弹簧，蓄势待发，经过设计后的节奏韵律与线条本身就构成抽象意味而产生视觉冲击力。这件大足石刻艺术作品，既保留了对先辈作品的承继关系，又有所变异发展，是值得称道的。

传统动物雕塑是我国优秀文化遗产的重要组成部分，粗探这件古代优秀动物雕塑作品，可以这样认为：对传统创造性的动物雕塑认真梳理、研究的路还很长很远。

# “制琴大师”奏响生命之歌

邢秀玲

记得2006年8月，正值酷暑季节，“重庆女作家沙龙”的八位姐妹，分乘两部私家车，由多才多艺的女作家李成琳带路，奔向荣昌大木匠何夕瑞的乡间“别墅”做客。“海棠香国”的风光果然迷人，一路绿树鲜花相伴，空气中充满芬芳气息，公路坦荡如砥，车轮风驰电掣，这样的旅行真是一种享受，两个小时转瞬过去，那座三层高的别墅已经遥遥在望了。

在宽敞豪华的客厅里落座不久，热情的女主人已将丰盛的午餐准备好了，让我们到餐厅用餐。大家也不客气，大快朵颐，一桌农家菜很快被席卷得片甲不留。

饭后，由何夕瑞引领，参观他的制琴工作室，十几把小提琴摆在平台上。主人眉开眼笑地一一做介绍，仿佛是他所钟爱的孩子，在陌生的客人面前一展芳华，博取客人的赏识和赞美。可惜我们都不会拉琴，只能每人拿起一把小提琴，装模作样地夹在颌下，拍了一张合影，那张合影至今保存在我的相册里。

小提琴来自西方，被称为“弦乐之王”，演奏难度很高，没有一点天赋或者音乐细胞，很难学会。当年上大学时，我十分羡慕一位同窗男生，他能用小提琴将《红梅赞》《花儿为什么这样红》拉得荡气回肠，常常登台演奏。但我跟他学了一个多月，还是拉不出曲调，拉出的只是宰鸡似的噪音，加之我买不起小提琴，无奈改学弹拨乐器，倒很快入门了，还曾经携一把三弦，混进学生乐队滥竽充数。

无法想象，木匠出身的何夕瑞，竟能制作出如此精美高端的小提琴！当我向他问起制琴的初衷时，这位气质儒雅、目光睿智的“大木匠”直截了当地说：“为了养家糊口！”我深知，仅仅凭“养家糊口”的朴素愿望，还不足以撑起他的制琴梦想，必须拥有坚定的信念和高超的技艺，才能攀登手工制造“弦乐之王”的险峰。

我和“大木匠”通过交谈得知，他出生在一个书香门第，父亲毕业于金陵大学生物系，母亲毕业于四川音乐学院，都在大学教书。本来，他有着学音乐的美好向往，从小的艺术熏陶也为他的理想做了必要的铺垫，只待将来踏进音乐学院的殿堂。可是，在1957年的那场运动中，父母双方被划成了“右派”分子，他也被打入另册，刚刚进入初中就被迫辍学，跟着被下放劳动的父母到了农村。16岁时，他迫于生计，拜一位农村木匠为师，学起了木工。由于他心灵手巧，又勤奋好学，很快入门，做出的家具像模像样，深得师傅赞赏。

经师傅推荐，何夕瑞被招进荣昌一家机械厂，从事模具制作。有一次，工厂举办文艺演出活动，乐队缺少一把低音大胡，到处买不到，有人建议让手艺出众的何夕瑞试一下。他找来木材、鼓皮等材料，照着二把的样子，在车间里鼓捣几天，仿制出了一把大胡。没想到这把大胡音色很好，在文艺演出中一鸣惊人。这次初试成功，鼓起了他的自信，唤醒了他的潜能，开启了他通向乐器王国的第一道门。

不久，厂里的试用期满，转正时他又撞到了墙上，尽管他的技术拔尖，但受家庭"株连"，未能如期转正。何夕瑞年轻气盛，索性离开了工厂，自谋生路。

从此，何夕瑞踏上了实现梦想之路，埋头钻研制作乐器，将目标定在"弦乐之王"小提琴上。他深知，自己这辈子无法上台当一名演奏家，但他要让演奏家们拿着自己制作的小提琴，奏出优美动听的旋律。他目不旁骛，专心致志，凭着天赋异禀，细细琢磨书上的图片，用二胡弦做琴弦，用普通木板做琴身，夜以继日，耗时数月，终于制成了第一把琴。1979年，他带着这把琴来到四川音乐学院，请一位母亲认识的教授试拉，这位教授试拉了几首曲子后安慰他说："还不错！"其实，他心里知道，这哪里是小提琴，明明是板胡的声音。教授没有说破，只是拿出一把制作精美的西方小提琴，又拉了同样的那几首曲子。相比之下，何夕瑞自制的小提琴拉出的声音的确难听。经教授点拨，何夕瑞明白，制作小提琴和普通的木工活无法相提并论，它工序复杂，工艺要求精良，还涉及多种学科，光靠模仿不能制作出好琴。这个连初中都没读完的人深感自己知识匮乏，文化底子太薄，便潜心自学乐理、木材学、气象学、地质地貌学等，从基础学科入手，一步步踏进邃密高难的小提琴制作圣殿。

首先，制琴的木材至关重要，他知道，意大利的制琴事业在世界上处于领先地位，用的材质都是来自阿尔卑斯山的云杉。而居住在意大利北部波丹谷地的瓜尔内里家族是制琴业的翘楚，该家族卓越的技艺传承，又和那里的气候、土壤有着密切关系……提到瓜尔内里家族，我不禁想起小提琴大师帕格尼尼的一个故事：当年，这位意大利小提琴演奏家以持有一把瓜尔内里家族制作的琴而自得，但在一次演奏中，为了表现他的奇招，竟有意弄断了那把小提琴的三根弦，用剩下的一根弦演奏完了后面技巧更难的曲子，而且相当完美。从此，帕格尼尼越发声名远播，瓜尔内里家族小提琴的优良性能也得到进一步彰显。

何夕瑞说："瓜尔内里家族的小提琴至今享有盛誉，但它价格昂贵，数量也少，不是每个小提琴演奏爱好者能够拥有的。凭一己之力制造出纯中国的小提琴，是我平生最大的愿望！"听着他铿锵有力的话语，看着他棱角分明的面庞，一股钦佩之情油然而生……我断定，这位执着而勤奋的"大木匠"肯定能实现他的梦想，他的传奇人生也值得大书一笔！但那天我们还要去安陶小镇参观陶艺作坊，只好将采访他的念头搁置下来，打算日后另找机会和他恳谈……

谁知这一搁置就是十五年，2021年4月8日，当我再次见到何夕瑞时，他已经挂到"荣昌提琴博物馆"的墙上了。当年的"向导"李成琳女士也于四年前驾鹤西去……据图片介绍，何夕瑞患的是骨癌。这使我联想到，他为了寻找适合做琴的优质木材，多次穿越西藏以及尼泊尔、印度、缅甸的原始森林，风餐露宿，忍饥挨饿自不必说，更可怕的是，被群狼围攻，与黑熊对峙，几度死里逃生，险些丧命于深山老林。漫漫寻材路，茫茫大风雪，对他的血肉之躯是多大的考验啊！即使钢筋铁骨，也可能被压弯、折断……

历尽千辛万苦的跋涉，经过千回百转的寻觅，他终于找到了制作"中国小提琴"的良材，那就是纹理通直、结构均匀、共鸣性强的泡桐树，荣昌就有这种树，真可谓"踏破铁鞋无觅处，得来全不费功夫"！

尽管泡桐木早就在民族乐器制作中被广泛使用，板胡、扬琴、古筝的共鸣板都是用它制成的。但是，如何将泡桐木用到西洋乐器中，却是一个巨大的挑战。何夕瑞废寝忘食，花费了许多心血，都达不到小提琴的音色效果。为了解决这个难题，他苦思冥想，翻阅了无数有关资料，将小提琴研制拓展到了生物学领域，利用微生物降解木材的内应力，实验方式就是酒窖发酵。一向滴酒不沾的他，为了寻找合适的发酵菌种，跑遍了四川和贵州的各大知名酒厂，又一次攻下难关，找到了合适的菌种。他将制琴木材和酒同时置放在常年恒温的地下酒窖，让密封的酒窖弥漫着酒精分子，木材在酒分子、水分子的作用下改变了内应力，从而达到了理想的音色效果，低音尤其浑厚有力，具有瓜尔内里提琴的音质。

中国古谚曰："锲而不舍，金石可镂。"

西方哲人说："持续不断地劳动，是人生的铁律，也是艺术的铁律。"

靠着锲而不舍的劳作，也靠着"一定要制作出中国小提琴"的信念，何夕瑞一丝不苟，精雕细刻，每把琴的178道工序都要亲手操作，他的全副身心已经和琴融为一体了！皇天不负有心人，就在我们拜访他的第二年，他的小提琴被命名为"何氏三圆琴"，得到了国内外专家的肯定和赞誉。特别让他感到欣慰的是，2007年11月5日，世界著名小提琴演奏大师克莱默在北京巡回演出期间，试用了"何氏三圆琴"，很喜欢这种具有东方特色的造型，亲切地称它为"东方维纳斯"，并誉为"中国第一，世界第二"的小提琴。正如何夕瑞所说的那样：如果把传统小提琴喻为体态曼妙的少女，那么，"何氏三圆琴"则是一位"丰乳肥臀"的少妇。细观博物馆展出的这把琴，的确和众多小提琴展品有所不同，琴身由三个圆弧构成，琴头是富含中国元素的玉如意。它不仅造型优美，线条流畅，而且弥补了中国民族乐器无低音的空白。

就在这一年，何夕瑞一次性向国家申报了六项专利。他这个连初中都没读完的"大木匠"被四川音乐学院特聘为教授，在神圣的讲台上向学生们传授小提琴制作技艺。与此同时，他荣获重庆"首届工艺美术大师"美誉。2010年，由他首创的"古琴增音桌"又在重庆市第三届工艺美术大赛中获得金奖……一顶顶桂冠接踵而来，一张张奖状挂满墙壁，不仅国内的专家、教授对他的"何氏三圆琴"赞美有加，国外的一些乐器制作行业也向他抛来橄榄枝。命运多舛的何夕瑞奏响了人生的华彩乐章，成为闻名遐迩的“奇人”。但他探索的脚步并没有停留，他的目光越来越高远，志向越来越坚定，如果不是癌魔过早地夺走了他的生命，他还会留下多少惊世骇俗的发明和创造啊！

尽管何夕瑞已于2018年辞世，但他的生平事迹装点着格调高雅的“荣昌提琴博物馆”，他的照片和莫扎特、舒伯特、门德尔松等世界级音乐大师同室生辉、流芳百世，而他的生命之歌也将回荡在巴渝大地上，永远不会消失！

**地址：**重庆市渝中区枇杷山正街93号

**邮编：**400013

**编辑部电话：**(023)63880156　63880157

**电子邮箱：**cqwhysyj@126.com

**微信公众号：**cqwhysyjy

**网站：**www.cqwhysyj.cn

**重庆文化艺术研究QQ群号：**294222082